VOYER-D'ARGENSON.

Égards et justice pour tous.

IMPRIMERIE DE MADAME DE LACOMBE,
rue d'Enghien, 12.

NOTICE HISTORIQUE

SUR

LA FAMILLE DE VOYER-D'ARGENSON,

ET PARTICULIÈREMENT SUR

M. VOYER-D'ARGENSON,

Ancien membre de la Chambre des députés, décédé en 1842.

PAR

M. CHARLES GAUTHIER.

Extrait de la Revue générale biographique politique et littéraire,

(Livraison de décembre 1843)

PUBLIÉE SOUS LA DIRECTION

DE M. E. PASCALLET.

Deuxième Edition.

PARIS. — 1843.

VOYER-D'ARGENSON.

La famille de *Voyer d'Argenson* est originaire de la Touraine, où elle a possédé de temps immémorial la terre de *Paulmy*. L'historien Belleforest, qui vivait sous Charles IX et Henri III, donne des détails très étendus sur le château de Paulmy et ses anciens possesseurs (1). Cette famille doit aux hommes remarquables qu'elle a produits l'avantage de figurer au premier rang parmi les noms historiques du royaume. Après avoir compté durant quatre cents ans dans les rangs de la chevalerie, elle entra dans la robe au commencement du dix-septième siècle, et dès ce moment elle y fut investie des principales dignités.

Sa filiation authentique commence au treizième siècle par *Etienne de Voyer* (*Stephanus Vigerius*), seigneur de *Paulmy* ou *Paulmis*, le nom est diversement écrit dans les chartes. Cet Etienne scellait au mois d'avril 1244 l'acte d'une donation faite à l'abbaye de Notre-Dame de Beaugerais, ordre de Citeaux, par sa femme Agathe, qui y choisit le

(1) *Cosmographie, édition de* 1585. René de Voyer, vicomte de Paulmy, contemporain de Belleforest, se fit remarquer parmi les chefs catholiques sous les règnes des derniers Valois. Il combattit aussi à Lépante contre les Turcs, écrivit une relation de ses voyages en Orient, et fut l'ami des poètes Baïf et Jodelle. Ce dernier lui adressa des vers latins, dans lesquels, jouant sur le mot de *Paulmy*, il disait de lui :

Ex titulis tibi jure tuis, facit inclyta nomen
Palma, *diù palmas musis ac Marte tulisti.*

lieu de sa sépulture. Son sceau porte deux lions passant l'un sur l'autre, armes originaires des *Voyer* (1).

Nous ne nous proposons pas de donner ici la généalogie et l'histoire suivie de cette famille ; on peut consulter l'armorial général de France, et surtout l'histoire des grands officiers de la couronne. Nous ne nous occupons que de la branche des *Voyer*, seigneurs d'Argenson, de laquelle descendait M. Voyer d'Argenson, mort à Paris en 1842.

Dans le seizième siècle, *Jean de Voyer*, troisième du nom, qui se distingua particulièrement aux batailles de Pavie et de Cerisolles, épousa *Jeanne Gueffault*, qui lui apporta en mariage la terre d'Argenson, située en Touraine, et dépendant aujourd'hui de l'arrondissement de Chinon. Il eut deux fils, dont l'aîné continua la ligne directe, éteinte au dix-huitième siècle ; tandis que le second, *Pierre*, fut la tige d'une seconde branche spécialement désignée sous le nom de *d'Argenson*.

(1) Cette charte est rapportée en entier dans les *Mémoires* de l'abbé de Marolles, édition de 1630. L'abbé de Marolles possédait l'abbaye de Beaugerais en Touraine.

René de VOYER, son fils, seigneur d'Argenson, de la Baillolière et de Chastres en Touraine, naquit en 1596. Destiné comme ses prédécesseurs à la carrière des armes, il alla faire son éducation militaire en Hollande, et y combattit sous les ordres du prince d'Orange. Mais bientôt l'autorité de sa mère, Elisabeth Hurault de Chiverny, nièce du chancelier de ce nom, et les conseils de plusieurs de ses parens qui étaient en crédit à la cour, le firent entrer dans la robe. « Il fut, dit » Fontenelle, le premier magistrat de son nom, » mais ce fut presque sans quitter l'épée. » (1)

Avocat en 1615, conseiller au parlement de Paris en 1619, puis maître des requêtes ordinaire de l'hôtel du roi, il suivit la cour au siége de la Rochelle, en qualité d'intendant des armées. Après la reddition de cette place, il fut envoyé en Périgord, en 1629, pour y faire raser la citadelle de Bergerac qui avait servi de place d'armes aux protestans. Nous n'entreprendrons pas d'énumérer tous les emplois qui lui furent successivement confiés; nous nous bornerons à dire avec Fontenelle, que « les besoins de l'Etat le firent » souvent changer de poste, mais l'envoyèrent

(1) Eloges académiques.

» toujours dans les plus difficiles, et parfois dans » les plus périlleux. » En 1640, remplissant les fonctions d'intendant des armées et de commissaire des vivres, il allait à Pignerol afin de recevoir les instructions de sa cour, au sujet d'entrevues qu'il venait d'avoir avec le prince de Savoie, lorsqu'il fut surpris et enlevé par un parti de cavaliers espagnols qui le conduisirent au château de Milan. Durant sa captivité qui ne se termina qu'au bout de six mois, et lorsqu'il eut payé une rançon de trois mille pistoles, il occupa ses loisirs en composant un *Traité de la sagesse chrétienne*, qui fut imprimé à Paris en 1650, et plus tard traduit en italien par son fils, et publié à Venise en 1655, avec approbation du sénat.

En 1641, *Argenson* (c'est ainsi que le désignent habituellement les historiens contemporains) (1) reçut l'ordre de se rendre en Catalogne, n'ayant officiellement que le titre d'intendant-général, mais chargé en réalité d'instructions secrètes, pour la conclusion du traité en vertu duquel cette province, soulevée contre la monarchie espagnole, se donnait à la France.

(1) Levassor, *Histoire de Louis XIII*, et la *Chronique bordelaise*.

Cette mission hérissée d'obstacles, en raison des ménagemens qu'exigeaient l'amour-propre national et la jalousie des Catalans à l'endroit de leurs priviléges, fut cependant couronnée d'un succès complet. Celui qui l'avait accomplie en fut récompensé par la charge de conseiller d'Etat ordinaire du roi, qui lui fut accordée, disent les lettres-patentes, en reconnaissance de *ses importans services*. Peu de temps après, il reçut du roi l'emploi de *Grand Bailli de Touraine* qu'avaient possédé plusieurs de ses ancêtres, et qui était vacant depuis la disgrâce et la mort du grand écuyer Cinq-Mars. C'est aussi depuis cette époque qu'il prit le titre de comte d'Argenson.

Après la mort de Louis XIII (1643), il fut de nouveau envoyé en Catalogne, puis rappelé l'année suivante afin de remplir les fonctions d'intendant des provinces et îles situées entre la Loire et la Garonne. En 1646, il reçut de Mazarin la mission de conclure, au nom du roi de France, un traité d'alliance avec le pape, le duc de Toscane et d'autres princes italiens. Dans la même année il devint surintendant de police, justice et finances de l'armée qui s'assemblait en Provence. Les lettres de cette commission font mention de « sa capacité et expérience, de ses services et

» emplois importans, dedans et dehors le royaume,
» en des négociations et traités de grande consi-
» dération par lui conduits et conclus au nom de
» Sa Majesté, tant en Allemagne qu'en Italie et
» en Catalogne. » En 1647, il fut nommé commissaire du roi pour la tenue des états de Languedoc, et y montra beaucoup d'adresse et de fermeté.

Au commencement des troubles de la Fronde, il hésita quelque temps avant de s'engager dans l'une ou l'autre des factions qui se disputaient le gouvernement. Cependant, ayant été chargé d'aller à Bordeaux, afin de prévenir par sa médiation la guerre qui était sur le point d'éclater entre le parlement et d'Espernon, gouverneur de la Guienne, il s'efforça inutilement d'apaiser les griefs et de satisfaire les prétentions réciproques. Retenu par les factieux, il passa plusieurs jours enfermé dans la tour du Hâ, tandis qu'une multitude forcenée faisait entendre contre lui des menaces de mort.

Bientôt, fatigué du monde et des affaires, et veuf depuis plusieurs années, il se détermina à embrasser l'état ecclésiastique, et reçut les ordres au commencement de l'année 1651. Mais, la France devant intervenir comme médiatrice entre

Venise et les Turcs, il partit encore une fois en qualité d'ambassadeur près de la république vénitienne. Il n'avait accepté cet emploi qu'à la condition d'y rester seulement un an, et d'être ensuite remplacé par son fils, qui était nommé dès-lors conseiller-d'état. Ce fut à la fin de juin 1651, qu'il arriva à Venise. Ce voyage entrepris dans les grandes chaleurs de l'été, l'insalubrité du climat et les habitudes nouvelles auxquelles il dut se plier, altérèrent complètement sa santé. Le 14 juillet il fut pris, en disant la messe, d'une fièvre violente, à laquelle il succomba au bout de quelques jours. La république de Venise voulut se charger des frais de sa sépulture et le fit inhumer avec la plus grande magnificence. Son fils lui érigea un riche mausolée, que l'on voyait encore il y a quelques années dans l'église des Dominicains de Saint-Job.

René de VOYER, deuxième du nom, comte d'Argenson et fils du précédent, naquit à Blois en 1624. Il acheta en 1642 un office de conseiller au parlement de Normandie. Trois ans plus tard, (il avait à peine vingt-un ans), son père, surintendant du Poitou et des provinces voisines, lui subdélégua les élections de Saintes et de Cognac.

Il fut même chargé, en 1646, de l'intendance de toute la généralité, lorsque, sur l'ordre de Mazarin, le comte d'Argenson dut se rendre en Italie afin d'y entamer des négociations avec les princes de cette contrée. Bientôt des malveillans répandirent le bruit que le jeune intendant négligeait d'apporter dans sa gestion les soins qu'elle réclamait, pour s'adonner à la poésie et rechercher la société des beaux esprits de l'époque. A cette occasion, son père lui écrivait : « Comme ces in-
» fâmes et ignorans traitans ont dit que vous fai-
» siez trop de vers, je vous conseille de tenir se-
» cret tout ce que vous ferez à l'avenir pour votre
» divertissement... Je ne vous convie pas d'aban-
» donner l'étude, pour plaire à ceux qui ne savent
» pas ce qu'elle vaut ; mais, comme la prudence
» exige que l'on se gouverne selon les temps, il
» faut déférer quelquefois aux fous pour montrer
» que l'on est sage. » Le fait est que le célèbre Balzac, retiré dans ses terres de l'Angoumois, entretenait avec MM. d'Argenson père et fils une correspondance dont une partie a été imprimée (1), et que le jeune René se sentait entraîné

(1) *OEuvres de Balzac, édition de l'abbé Cassaigne*, 1665, 2 vol. in-folio.

vers les belles-lettres et la poésie, dans lesquelles, au jugement de ses contemporains, il aurait pu obtenir quelque succès (1).

Il partagea constamment les divers travaux de son père, pendant les missions dont celui-ci fut chargé sous la régence d'Anne d'Autriche et du cardinal Mazarin. Il le suivit en 1647 aux états de Languedoc, et lui fut surtout très-utile pendant son séjour à Bordeaux, au milieu des difficultés et des périls qu'il rencontra dans la Guienne en proie à la guerre civile. Au retour de ce voyage, il acheta une charge de maître des requêtes. Il fut plus tard nommé conseiller d'Etat en service ordinaire, et c'est alors qu'il partit pour Venise avec son père, ambassadeur auprès de cette république. Nous avons dit comment celui-ci mourut presque aussitôt son arrivée. René, bien qu'âgé seulement de vingt-sept ans, lui succéda, et remplit les mêmes fonctions jusqu'à la fin de l'année 1655. La république de Venise fut tellement satisfaite de sa conduite pendant la durée de son ambassade, qu'elle lui accorda l'autorisation de joindre à ses armes le

(1) Outre les fragmens de sa correspondance avec Balzac, il existe de lui des *Cantiques spirituels* et divers commentaires sur l'Ecriture sainte.

lion de Saint Marc. Elle voulut aussi être marraine de son fils aîné, auquel fut donné le prénom de *Marc*.

M. d'Argenson réunissait toutes les qualités propres à l'ambassade. « Il avait une très » belle figure, de l'esprit, du savoir, beaucoup » de courage et de vertus. Cependant il se » ruina pour la vie, durant les quatre années » qu'il passa à Venise. Il n'était pas courtisan ; » poussant jusqu'à l'excès la dévotion et la fierté, » il déplaisait aux gens du monde et surtout aux » ministres, près desquels il faut, même aux » honnêtes gens, quelque sorte de souplesse ; il » était trop jeune pour une ambassade aussi im- » portante que celle qu'il occupa ; aussi fut-il » bientôt à bout de sa fortune. Il négligea de » se faire rembourser ses dépenses par la cour, » et parut se complaire à être maltraité. Il se » brouilla avec le cardinal Mazarin, et se fit pres- » que persécuter par Colbert. Homme de princi- » pes austères et d'inflexible probité, il déclama » sans pitié comme sans prudence contre les » vices des grands, et déplut même au roi » Louis XIV, qui le fit comprendre dans une ré- » forme exécutée en 1656 sur le nombre des » conseillers-d'état. (1) »

(1) *Mémoires du marquis d'Argenson.*

Sa dévotion lui fut d'une grande ressource dans sa disgrâce. A peine âgé de trente-deux ans, il alla se confiner pour le reste de ses jours dans ses terres de Touraine, où, grâce à une sévère économie et à une loyauté à toute épreuve, il parvint à réparer en partie le désordre de ses affaires. Il y mourut en 1700, âgé de soixante-dix-sept ans. Cinq de ses enfans lui survécurent. L'aîné fut le lieutenant de police qui va suivre. Le second, François Hélie, fut évêque de Dol, puis archevêque d'Embrun. En 1719, ce même prélat devint archevêque de Bordeaux, où il mourut en 1728.

Marc-René DE VOYER, comte d'Argenson, vicomte de Mouzé, baron de Vueil en Berry, etc., naquit à Venise, le 4 novembre 1652. Il eut pour parrain le prince de Soubise, et pour marraine la république de Venise, représentée par Andréa Contarini, chevalier procurateur de Saint-Marc. Il fut reçu, en 1669, avocat au parlement, et nommé en 1677 chevalier de l'ordre du Mont-Carmel et de Saint-Lazare. En 1679, M. Houlier de la Poyade, son aïeul maternel, lieutenant-général en la sénéchaussée et présidial d'Angoulême, lui résigna cette charge qu'il occupa pendant treize ans. Ces fonctions de juge dans un tribunal de province étaient bien modestes auprès de celles qu'avait remplies jusqu'alors sa famille, et l'état de dépérissement dans lequel son père avait laissé sa fortune, pouvait seul le faire demeurer dans cette position subalterne.

En 1692, on envoya dans les provinces une *commission des grands jours,* sorte de délégation du parlement de Paris, chargée d'inspecter tous les siéges du ressort. M. de Caumartin faisait partie de cette commission. Lorsqu'il arriva à Angoulême, il fut tout d'abord frappé, ainsi que ses collègues, du mérite de M. d'Argenson, qui leur parut fort supérieur à tout ce qu'ils avaient rencontré dans leur tournée. M. de Caumartin se l'attacha particulièrement, et le pressa de l'accompagner à Paris, où il le présenta à M. de Pontchartrain, son parent, alors contrôleur-général, et plus tard chancelier de France. Celui-ci voulut retenir près de lui M. d'Argenson et le chargea d'abord, afin de l'éprouver, de quelques commissions épineuses dont il se tira avec succès. Telle fut celle de réformer les amirautés, de revoir les règlemens de marine, et de recomposer le tribunal des prises. Il fut nommé, en 1694,

maître des requêtes ordinaire de l'hôtel du roi, et reçut, deux ans plus tard, la commission de procureur-général pour la recherche des francs-fiefs et des amortissemens. Il y fit des travaux considérables, et fit rentrer au roi plusieurs millions. En 1697, peu de temps après son mariage avec la sœur de M. de Caumartin, il devint lieutenant-général de police en la ville, prévôté et vicomté de Paris. Cette charge avait été instituée récemment en faveur de M. de la Reynie, qui venait de demander sa retraite. On sait comment M. d'Argenson s'acquitta de ces fonctions, et quels talens il y déploya. Il y était véritablement ministre, travaillait directement avec Louis XIV, et entretenait une correspondance continuelle avec ce prince ; il se signala par la surveillance active qu'il exerça dans la capitale, où il sut, grâce à l'inébranlable fermeté de son caractère, faire régner le bon ordre dans les temps les plus orageux. Magistrat éclairé, infatigable et courageux, « il eut été digne de naître Romain, dit Fonte-» nelle, et de passer du sénat à la tête d'une ar-» mée (1). »

(1) Eloge de M. d'Argenson, dans le *Recueil des Eloges académiques* de Fontenelle.

Pendant la cherté excessive des denrées en 1709, il sut pourvoir aux besoins du peuple, prévenir et calmer les soulèvemens. Un jour, étant assiégé dans une maison à laquelle une foule nombreuse voulait mettre le feu, il en fit ouvrir la porte, se présenta seul, parla quelques instans, et tout fut apaisé. Son courage et sa présence d'esprit n'étaient pas moins admirables dans les incendies. Il s'y trouvait toujours des premiers afin d'organiser les secours, et y donnait des exemples d'intrépidité qui engageaient les plus timides à braver le péril. Lors de l'embrâsement des chantiers de la porte Saint-Bernard, il fallait, pour prévenir un incendie général, traverser un assez long espace de terrain envahi par les flammes; des détachemens du régiment des gardes hésitaient à tenter ce passage. M. d'Argenson s'y jeta le premier, se fit suivre des soldats, et le danger ne tarda pas à disparaître. Il eut une partie de ses habits brûlés, et demeura vingt-quatre heures continuellement sur pied.

A la suite de cet évènement, le lieutenant-général de police se vit récompensé de son zèle par la dignité de conseiller-d'état. Paris lui dut un calme et une sécurité dont on ne se faisait auparavant nulle idée. Redoutable par un extérieur sévère, et par la persuasion où l'on était qu'aucun secret ne pouvait lui échapper, il n'était point cruel par caractère, et savait allier l'indulgence pour les fautes légères avec la rigidité de ses devoirs. « Doué d'une figure effrayante et » qui retraçait celle des trois juges d'enfer, dit » Saint-Simon, il avait mis un tel ordre dans » cette innombrable multitude d'habitans de Pa- » ris, qu'il n'y avait nulle personne considérable » dont il ne sut par jour, s'il le voulait, la con- » duite et les habitudes.... Possédant un discer- » nement exquis pour appesantir ou pour allé- » ger sa main à chaque affaire qui se présentait, » il penchait toujours aux partis les plus doux, » avec l'art de faire trembler les plus innocens en » sa présence... Au milieu de fonctions pénibles, » et avec une apparence toute de rigueur, l'hu- » manité trouvait aisément grâce devant lui. Il » fit le moins de mal qu'il put, sous un voile de » persécution qu'il sentait nécessaire pour per- » sécuter moins en effet, et même pour épar- » gner les persécutés. » Duclos porte sur lui le même jugement, en disant qu'il prévint et calma plus de désordres par la crainte qu'il inspira, que par les châtimens.

Lorsque Fontenelle publia l'*Histoire des Ora-*

cles, livre dans lequel il révoquait en doute certains miracles, le jésuite Letellier demanda une lettre de cachet contre l'audacieux écrivain; mais M. d'Argenson conjura l'orage, et conserva la liberté au célèbre philosophe. C'est Voltaire qui rapporte ce fait (1); et ici son témoignage n'est point suspect, car ce ne fut point envers les imprudences de sa première jeunesse, que le même magistrat fit preuve d'indulgence.

Après la mort de Louis XIV, le lieutenant de police obtint la confiance entière du régent. Dès la formation des conseils en 1715, il fit partie de celui *du dedans du royaume*. Déjà il avait été souvent question de l'appeler au ministère; mais les intrigues de cour s'y étaient opposées, toujours sous le prétexte que l'on n'eût pu trouver personne pour le remplacer à la police de Paris. Enfin, en 1718, il fut investi par le duc d'Orléans de la présidence du conseil des finances, et en même temps il fut nommé garde-des-sceaux en remplacement du chancelier d'Aguesseau, qui venait d'être disgracié. M. d'Argenson contribua puissamment à faire cesser la confusion dans laquelle les dernières années du règne de Louis XIV avaient

(1) *Lettres sur quelques écrivains accusés d'athéisme.*

plongé la fortune publique. Il montra dans ses emplois une activité incroyable. « A l'égard du » travail, dit Fontenelle, il ne connaissait pas la » distinction des jours et des nuits. Il donnait » ses audiences dès trois heures du matin, et » dictait à trois ou quatre secrétaires à la fois, » des lettres dont chacune était un modèle de » précision et de clarté. »

Ce fut lui qui, en qualité de garde-des-sceaux, remplit le principal rôle au fameux lit de justice convoqué aux Tuileries, le 26 août 1718. Dans cette séance mémorable, furent abolies les prérogatives des princes légitimés que Louis XIV appelait éventuellement à la succession au trône. La surintendance de l'éducation du jeune roi fut enlevée au duc du Maine, et tous les droits de la régence consolidés entre les mains du duc d'Orléans. Le parlement de Paris qui se vit également condamné dans quelques-unes de ses prétentions à l'égard des ducs et pairs, fut profondément mortifié dans cette journée, dont Saint-Simon nous a laissé une relation très étendue dans ses Mémoires. Il loue particulièrement l'énergie, les talens et la présence d'esprit dont M. d'Argenson fit preuve dans une conjoncture aussi épineuse.

Cependant les démêlés qui ne tardèrent pas à s'élever entre le nouveau garde-des-sceaux et Law, qui aspirait ouvertement aux fonctions de contrôleur général, l'abus des ressources réelles qu'avait présentées le système dans son principe, le discrédit des actions qui en fut le résultat, déterminèrent M. d'Argenson à donner sa démission de président du conseil des finances, le 5 janvier 1720. Le 7 juin suivant, il remit les sceaux au régent. Mais il ne perdit rien dans l'esprit de ce prince, qui ne prenait aucune détermination grave avant de l'avoir consulté. Au surplus sa retraite fut de peu de durée ; il mourut le 8 mai 1721, dans sa maison de Charonne, près Paris, voisine d'un couvent de bénédictines qu'il avait toujours spécialement protégé, et dans lequel il désirait être inhumé.

Il était depuis 1716 membre de l'Académie des sciences, et appartenait à l'Académie française depuis 1718.

La statue du lieutenant de police et garde-des-sceaux d'Argenson est une de celles qui doivent décorer la façade de l'Hôtel-de-Ville de Paris, comme représentant un des magistrats qui ont le mieux honoré et servi la capitale ; elle sera due au ciseau distingué de M. Walcher jeune.

Le garde-des-sceaux laissa deux fils, le marquis et le comte d'Argenson, qui, l'un et l'autre, occupèrent une telle place dans l'histoire du dernier siècle, que nous devons retracer leur vie dans cette notice.

René-Louis DE VOYER, marquis d'Argenson, l'aîné des deux frères, naquit le 18 octobre 1694. A peine âgé de vingt-deux ans, il fut conseiller au parlement de Paris. En 1720, il entra au Conseil-d'Etat, et fut envoyé à Maubeuge en qualité d'intendant du Hainaut et du Cambrésis, peu de temps après son mariage avec Madeleine Meliand, fille de l'intendant de Flandre. Ce fut durant son intendance que se tint (de 1722 à 1725) le congrès de Cambrai, réunion qui avait pour but de consolider le traité d'Utrecht, et qui fut dissoute sans résultat par le renvoi de l'infante destinée pour épouse à Louis XV. La présence du marquis d'Argenson à ce congrès dut contribuer puissamment à le mettre au courant des ressorts cachés de la politique, et à lui faire acquérir des connaissances diplomatiques, qu'il sut mettre à profit, tout en les appréciant à leur juste valeur.

De retour de son intendance en 1724, il n'occupa long-temps d'autres fonctions que celles de conseiller-d'état. Naturellement sérieux et réfléchi, voué par goût à la méditation et à la lecture, il rassemblait les matériaux des ouvrages qui nous restent de lui, et de beaucoup d'autres qu'il n'acheva pas, ou qui n'ont pas été publiés. Une vive amitié l'unissait au garde-des-sceaux Chauvelin, qui lui fit confier en 1737 l'ambassade de Portugal, mission aussi importante que délicate, et dont la France pouvait tirer de grands avantages, si l'on fût parvenu à soustraire ce royaume à la tyrannie mercantile de l'Angleterre. L'exil de M. de Chauvelin vint arrêter le départ de l'ambassadeur, qui fut remplacé par M. de Chavigny.

M. d'Argenson vécut de nouveau dans la retraite et dans l'étude, regrettant seulement de n'avoir pu mettre au service de son pays, les spéculations de bien public que la méditation lui avait suggérées. Voici, du reste, quelle était la nature de son ambition : « Il y a aujourd'hui, » disait-il, un métier où il y a prodigieusement » à gagner, car personne ne s'en avise : c'est » celui d'être parfaitement honnête homme ; » qu'on joigne à cela une grande application qui » amène nécessairement quelque intelligence,

» et il est impossible que, de degré en degré, on
» ne soit pas recherché pour les premières pla-
» ces. Soyons capables, c'est le moyen de nous
» rendre nécessaires ; je vaux peu, mais je brûle
» d'amour pour le bonheur de mes concitoyens.
» Il me semble que, si jamais cela était connu,
» chacun voudrait me voir en place. »

Chose étonnante ! le moyen de parvenir qu'il exposait avec cette naïveté finit par être couronné de succès : il y avait six mois que le ministère des affaires étrangères était vacant, depuis le renvoi de M. Amelot, que la duchesse de Chateauroux avait pris en aversion parce qu'il était bègue, lorsque, sur la réputation de capacité qu'il s'était acquise, M. d'Argenson fut appelé, le 18 novembre 1744, à ce poste éminent.

L'année 1745 fut marquée par l'une des plus belles victoires que la France doive compter dans ses annales : ce fut celle de Fontenoy. Le ministre des affaires étrangères et son frère, ministre de la guerre, se trouvaient avec Louis XV à cette journée. Voltaire, dès que la victoire lui fut annoncée, écrivit au marquis d'Argenson le billet suivant :

« Ah ! le bel emploi pour votre historien ! Il
» y a trois cents ans que les Français n'ont rien

» fait de si glorieux ! Je suis fou de joie ! Bon-
» soir, Monseigneur. »

La réponse du marquis, datée du lieu même de la bataille, renferme une des meilleures relations des évènements dont il venait d'être le témoin. Voltaire, après l'avoir reçue, écrivait encore au marquis :

« 20 mai 1745.

» Vous m'avez écrit, Monseigneur, une lettre
» telle que Madame de Sévigné l'eût faite si elle
» se fût trouvée au milieu d'une bataille. Je viens
» de donner bataille aussi, et j'ai eu plus de peine
» à chanter la victoire que le roi à la rempor-
» ter (1). Vous verrez que le nom d'Argenson
» n'est point oublié (2). En vérité, vous me ren-

(1) Voltaire composa son poème de Fontenoy sur la relation du marquis d'Argenson, qui se trouve rapportée dans le commentaire sur la vie et les ouvrages de l'auteur de la *Henriade*. (*OEuvres de Voltaire*, t. 43 de l'édition de Beaumarchais.)

(2) D'Argenson, qu'enflammaient les regards de son père,
La gloire de l'État, à tous les siens si chère,
Le danger de son roi, le sang de ses aïeux,
Assaillit par trois fois ce corps audacieux,

» dez ce nom bien cher ; les deux frères le ren-
» dent bien glorieux. Adieu, Monsieur, j'ai la
» fièvre à force d'avoir embouché la trompette ;
» je vous adore. »

Les triomphes de Fontenoy, de Raucoux et de Lawfeldt n'éblouirent cependant pas le marquis d'Argenson, et il attachait toute son ambition à hâter la conclusion de la guerre ; aussi écrivait-il à son frère, ministre de la guerre : « Nous
» sommes frères et nous sommes amis, et il n'y
» a que le trop d'union à redouter entre nous ;
» du moins, des politiques scrupuleux pourraient
» craindre cet inconvénient. Pourtant, j'avoue
» que je me sens disposé à travailler contre vous
» de toutes mes forces, en procurant et entrete-
» nant la paix. J'aimerais à faire jouer à notre
» patrie le rôle d'un honnête homme, et je ne
» souhaite de crédit et d'habileté que pour cela.
» Je crois même que vous ne m'en voudrez pas
» plus de mal, et que votre charge n'en ira que
» solidement mieux. »

Cette masse de feu qui semble impénétrable ;
On l'arrête, il revient, ardent, infatigable, etc.

Ces vers sont consacrés au marquis de Voyer, fils du ministre de la guerre et père du député mort en 1842.

D'accord avec les Hollandais qui souhaitaient aussi la paix, il parvint, après diverses tentatives que firent échouer les prétentions excessives de l'Espagne, à réunir le congrès de Bréda, qui, sans produire de résultat immédiat, fut cependant le prélude de celui d'Aix-la-Chapelle, où plus tard fut signée la paix générale.

Au commencement de l'année 1746, un projet avait été conçu de former une *république italienne*, ou du moins une confédération de tous les états d'Italie, dans le but d'en expulser les Autrichiens et d'y rendre leur retour à jamais impossible. Ce plan, dont le marquis d'Argenson était l'auteur, paraissait exécutable, et le roi s'y associa d'abord avec tant d'empressement, que le ministre écrivait : « *Sa Majesté va sur ce point plus* » *loin et plus vite que moi.* » Nous trouvons, sur :e même sujet, dans les *Mémoires du marquis l'Argenson* (1), les lignes suivantes qui seraient ncore parfaitement applicables de nos jours :

(1) Publiés en 1825, in-8°, dans la *Collection des mémoires sur la révolution française*, chez les frères Baudouin. — On trouve également des détails fort étendus sur cette négociation dans l'*Histoire de la diplomatie* de M. de Flassan, t l'*Histoire des Français* de Sismondi, tome 28.

« L'Italie est, depuis trois siècles, l'un de ces » théâtres d'ambition et de conquêtes où viennent » se consumer les efforts des grandes puissances : » les empereurs d'Allemagne y établirent leur » pouvoir et le virent s'anéantir, suivant les temps; » Charles VIII y montra la valeur et la légèreté » françaises ; Louis XII et François Ier y éprouvè- » rent encore de plus grands revers ; les Vénitiens » en furent un moment les tyrans, mais ce temps » dura peu, et leur ambition causa leur perte et » leur faiblesse actuelle ; nous y avons voulu » conserver quelques citadelles, quelques postes, » afin de prendre part au désordre sous le pré- » texte de défense et d'équilibre ; ce n'est pas là » ce qu'il eût fallu faire.

» Il faudrait concentrer les puissances italiques » en elles-mêmes, *en chasser les étrangers* ; il » faudrait montrer l'exemple de n'y rien préten- » dre, ou, si quelques étrangers y règnent encore, » faire en sorte qu'ils deviennent complètement » Italiens ; qu'ils ne puissent hériter ailleurs, et, » s'ils préfèrent d'autres successions qui leur sur- » viennent, qu'ils abandonnent alors, à des suc- » cesseurs désignés, l'État qu'ils possèdent en » Italie ; et que cette option, cette incompatibi- » lité, soit une loi fondamentale de toute domi-

» nation en Italie. Soyons les promoteurs de cette » règle, employons-y la force et la sincérité ; » empêchons les troubles et la tyrannie, nous en » avons tous les moyens ; soutenons les faibles et » les opprimés. Nous y gagnerons, pour nous, » honneur, repos, sûreté. »

En effet, le marquis d'Argenson entama des négociations avec la cour de Turin, qu'il espérait détacher de la coalition contre la France ; mais son projet dut échouer devant la méfiance du roi de Sardaigne, les incertitudes de Louis XV et surtout l'ambition démesurée de la reine d'Espagne, qui rêvait pour son fils, l'infant don Philippe, les plans les plus chimériques, tels que le rétablissement du royaume de Lombardie, etc. Au bout de six mois, Louis XV renonça à ce projet qu'il avait d'abord sincèrement adopté, et, impatient de mettre un terme aux reproches de la reine Elisabeth, il lui envoya son confident secret, le vieux maréchal de Noailles. Celui-ci était d'avance l'ennemi personnel du ministre, et toutes ses démarches, pendant son séjour à Aranjuez, tendirent à nuire au marquis d'Argenson ; il y fut chaudement secondé par son fils, le comte de Noailles, qui l'avait accompagné en Espagne. « Toute leur conduite, écrivait l'abbé

» de Vauréal, a été de flatter la reine, et de con-
» damner à feu et à sang le marquis d'Argen-
» son. »

Ce dernier, quoiqu'il n'ignorât pas les intrigues qui se tramaient contre lui, comptait encore sur l'approbation de Louis XV, et ne se ralentissait pas dans ses efforts pour atteindre son but à travers tant d'obstacles. Voltaire lui écrivait alors, afin de le consoler et de l'encourager au milieu des contrariétés :

« Je ne vous fais pas ma cour, Monseigneur,
» mais je fais mille vœux pour le succès de votre
» belle entreprise; on dit que vous avez besoin de
» tout votre courage, et de résister aux contradic-
» tions en faisant le bien des hommes ; voilà où
» on est réduit. Vous avez de la philosophie dans
» l'esprit, et de la morale dans le cœur ; il y a
» peu de ministres dont on puisse en dire autant.
» Vous avez bien de la peine à rendre les hom-
» mes heureux, et ils ne le méritent guère. Oh !
» que vous allez conclure divinement mon his-
» toire !.... Grand et digne citoyen, ce monde-ci
» n'est pas digne de vous ! »

La fortune se plut à déjouer complètement les projets du ministre ; le sort des armes nous devint contraire en Italie, et la déroute de Plaisance, après avoir rendu évidente la mauvaise foi de la Sardaigne, força l'armée française à une retraite définitive. Louis XV trouva convenable de désavouer les actes mêmes auxquels il avait concouru, afin de faire tomber sur le marquis d'Argenson tous les ressentimens de la reine d'Espagne, et, le 10 janvier 1747, le ministre fut invité à se démettre de sa charge.

Sans autre regret que celui de n'avoir pas accompli tout le bien qu'il avait rêvé, il reprit ses occupations favorites, s'entourant des gens de lettres et de la plupart des philosophes de cette époque (1). Il assistait assidûment aux séances de l'Académie des Inscriptions, dont il était membre et qu'il présida en 1749.

« Sa disgrâce, dit Grimm, n'influa point sur » son bonheur ; il vécut paisiblement, tantôt à » Paris, tantôt à la campagne, partageant son loi» sir entre ses amis et le commerce des gens de » lettres qu'il chérissait, et qui étaient reçus chez » lui avec de grandes marques de considération; » car, sous le règne des d'Argenson, ce n'était » pas encore la mode de haïr les philosophes. »

Voltaire et le marquis d'Argenson étaient nés

(1) Mably, Condillac, d'Alembert, Duclos, etc.

dans la même année (1694). Leur liaison datait du temps où ils avaient étudié ensemble au collége Louis-le-Grand. « Je vous suis dévoué, » écrivait le philosophe au marquis en 1744, par » l'attachement le plus tendre et le plus vieux. » Il y a, ne vous en déplaise, quarante ans; cela » fait frémir ! » C'était un attachement fondé sur l'estime et l'admiration réciproques, et en même temps, une véritable liaison de cœur, à laquelle ne se mêlèrent jamais, ni les protestations intéressées d'une part, ni de l'autre la hauteur et le ton de protection; pourtant Voltaire accepta plus d'une fois des services essentiels de M. d'Argenson. « Je suis né, écrivait-il en 1747, pour être » vexé par les Desfontaines, les Rigoley, les Ma- » nory, et pour être protégé par les d'Argenson. » Une autre fois il écrivait au marquis : « Racine » fut moins protégé par MM. Colbert et Seignelay, » que je ne le suis par vous. »

La fortune de Voltaire datait en effet de l'avènement de M. d'Argenson au ministère. Exclu auparavant de la cour et de l'Académie, mal vu par le roi, abreuvé d'outrages malgré les chefs-d'œuvre dont il dotait son pays, il dut au ministre d'être reçu à Versailles, d'être nommé gentilhomme ordinaire de la chambre, et comblé d'honneurs, de dignités et de pensions. M. d'Argenson lui fit obtenir également le titre d'*historiographe du roi*, et la permission d'écrire les campagnes de son règne. Tous les matériaux furent mis à sa disposition par le ministère; c'est par conséquent à l'entremise de celui-ci que nous devons l'*Histoire de la guerre de* **1741**, ainsi que le *Siècle de Louis XV*.

Les idées politiques du marquis d'Argenson, beaucoup plus conformes à celles de nos jours que l'époque où il vécut ne le ferait présumer, fesaient dire à Voltaire qu'il eût été *digne d'être secrétaire d'Etat dans la république de Platon*. Le plus remarquable de ses écrits, dont l'idée première remontait à son intendance du Hainaut, et qu'il composa plus de dix années avant son entrée au ministère, est intitulé : *Considérations sur le gouvernement de la France* (1). Son but est de rechercher *jusqu'à quel point la démocratie peut être admise dans un état monarchique*. Il voudrait affermir l'autorité royale en élargissant sa base,

(1) Cet ouvrage a été plusieurs fois réimprimé; mais jamais il ne l'a été, surtout en France, d'une manière correcte; la première édition parut après la mort de l'auteur, à Amsterdam, chez Marc-Michel Rey (1764).

tirer parti de ce qu'avait alors de populaire l'élément monarchique si long-temps en lutte avec les abus de la féodalité ; en un mot, opposer la nation elle-même aux puissances usurpées qui se sont interposées entre elle et son prince. Cet ouvrage, rédigé dans un style nerveux et concis, dont parfois l'expression ne manque pas de pittoresque, est destiné plutôt à tracer un plan de réforme sociale qu'à donner les développemens dont la pensée de l'auteur est susceptible. Il doit être considéré surtout comme le prélude des travaux des économistes, et de tout ce que la fin du dernier siècle vit éclore, relativement à l'extension des municipalités et au rétablissement des assemblées provinciales. Rousseau, dans son *Contrat social*, s'étaie à diverses reprises de l'autorité du marquis d'Argenson, dont le manuscrit, encore inédit, s'était trouvé entre ses mains. « Je n'ai pu » me refuser, ajoute-t-il (liv. 3, chap. VIII), au » plaisir de citer ce manuscrit, quoique non connu » du public, pour rendre hommage à la mémoire » d'un homme illustre et respectable, qui avait » conservé jusque dans le ministère, le cœur d'un » vrai citoyen et des vues droites et saines sur le » gouvernement de son pays. » — En 1785, le marquis de Paulmy publia divers fragmens des souvenirs de son père, sous le titre d'*Essais dans le goût de ceux de Montaigne, ou Loisirs d'un ministre d'Etat.* Augmentés d'une notice et d'un grand nombre de nouveaux passages, ils ont reparu dans les *Mémoires relatifs à la révolution française* sous le titre de *Mémoires du marquis d'Argenson*, 1825. Comme monument historique, cet ouvrage sert à combler, en partie du moins, une lacune réelle qui se rencontre dans notre histoire. En effet, nous ne possédons, pour ainsi dire, aucuns mémoires authentiques sur Louis XV, ni même à partir de ceux de Saint-Simon jusqu'au début de la révolution française. C'est ce que remarque avec raison l'auteur de l'*Histoire des Français* (M. Sismondi) au tome 28 de son excellent ouvrage. — On trouve dans le recueil des mémoires de l'Académie des inscriptions, à l'année 1755, un travail du marquis d'Argenson sur les historiens français. Enfin, sous le ministère du cardinal de Fleury, il coopéra activement à une *Histoire du droit ecclésiastique français*, livre écrit dans un sens complètement janséniste, et destiné à réfuter les prétentions ultramontaines. Le marquis d'Argenson est mort en janvier 1757.

Marc Antoine René de Voyer de Paulmy, fils

du marquis d'Argenson, naquit en 1722. Dès son plus jeune âge, il montra du goût pour les lettres, et quelques-uns de ses essais lui valurent les encouragemens de Voltaire. En 1751, il fut adjoint à son oncle le ministre de la guerre, auquel il succéda lors de la retraite de celui-ci, en 1757. Mais il ne remplit ce poste que jusqu'au mois de mars 1758, époque à laquelle il se retira lui-même, à la suite de contrariétés de tout genre que lui fit éprouver madame de Pompadour. Depuis ce moment, il n'exerça plus d'autres fonctions que celles des ambassades. Il fut envoyé tour à tour à Venise et à Varsovie, et fut le dernier ambassadeur français auprès de la république de Pologne (1). Mais il est plus connu par les travaux littéraires et historiques auxquels il consacra la plus grande partie de sa vie. La bibliothèque qu'il avait réunie était une des plus riches et des plus précieuses qu'aucun particulier ait jamais possédée. Cette collection, qu'il vendit au

(1) Sur les circonstances qui accompagnèrent son départ de Varsovie, on peut lire Rulhières, *Histoire de Pologne*, édition de 1807, tome 2, page 237 et suivantes. Ce départ était une protestation contre l'influence toujours croissante de la cour de Russie, et contre l'anéantissement déjà facile à prévoir de la malheureuse Pologne.

comte d'Artois en 1785, existe encore sous le nom de *Bibliothèque de l'Arsenal*, et l'on peut lire, en tête de presque tous les volumes qui la composent, des notes manuscrites de M. de Paulmy. Travailleur infatigable, il conçut le plan de la *Bibliothèque universelle des Romans*, dont quarante volumes parurent sous ses auspices de 1775 à 1778, et dans laquelle il inséra plusieurs de ses compositions, réimprimées depuis sous ce titre : *Choix de petits romans de différens genres*. Il entreprit également une publication non moins volumineuse, celle des *Mélanges tirés d'une grande bibliothèque* (1), formant en quelque sorte l'analyse de la sienne, et le résumé de ses jugemens sur la plupart de nos vieux auteurs, en soixante-dix volumes in-8°. M. de Paulmy mourut en 1787, à l'Arsenal dont il avait le gouvernement. Il était membre de l'Académie française et de celle des Inscriptions et Belles-Lettres. Il était aussi chancelier de l'ordre du Saint-Esprit.

(1) M. de Paulmy fut secondé, dans l'extraction et la rédaction de ses *Mélanges*, par M. Magnin, de Salins, qui remplissait auprès de lui les fonctions de secrétaire et de bibliothécaire, et dont le fils, M. Charles Magnin, membre de l'Institut, est aujourd'hui Conservateur de la Bibliothèque royale.

Marc-Pierre de Voyer, comte d'Argenson, second fils du garde-des-sceaux et frère du ministre des affaires étrangères, naquit en 1696. Il devança son frère aîné dans les charges publiques. Dès l'époque de la régence, il fut lieutenant-général de police, comme l'avait été son père. Intendant de Touraine en 1721, conseiller d'Etat en 1724, il concourut à la rédaction des ordonnances de législation qui ont fondé la célébrité du chancelier d'Aguesseau. Il fut reçu à l'Académie des sciences en 1726. En 1741 il fut nommé à l'intendance de Paris, et, le 25 août 1742, admis au conseil des ministres, en qualité d'adjoint au cardinal de Tencin, que le cardinal de Fleury paraissait s'être désigné pour successeur. Enfin, le 1er janvier 1743, il fut nommé ministre de la guerre, en remplacement du marquis de Breteuil qui venait de mourir subitement à Issy, et remplit ce poste pendant quinze années consécutives.

Lorsqu'il entra au ministère, la France se trouvait dans une situation difficile. Elle était engagée dans la fameuse guerre de la succession d'Autriche. On avait prodigué en dix-huit mois les économies sagement amassées durant quinze années de paix, et cent mille soldats français venaient de périr de blessures ou de maladies sous le canon de Prague ou dans les neiges d'Egra. Le vieux cardinal de Fleury, bien que hors d'état de quitter son lit, s'obstinait à régner encore et à diriger des armées éloignées de trois cents lieues. Marie Thérèse, malgré les efforts de la France, qui, pour la déposséder, s'était liguée avec la Prusse et la Bavière, avait recouvré tous ses états héréditaires, à l'exception de la Silésie. L'empereur Charles Albert, notre allié, privé de son propre patrimoine, était obligé chaque jour d'avoir recours à la charité de la France pour éviter, disait-il, de *mourir de faim*. Des nuées de *Talpaches, de Croates et de Pandours* se répandaient en Alsace et en Lorraine, et jusque dans la Bourgogne et la Franche-Comté, massacrant les prisonniers sur les champs de bataille et les blessés dans les hôpitaux. En vain Belle-Isle, Broglie, Noailles, Maillebois avaient tenté de lutter contre la mauvaise fortune; ils s'étaient vus forcés de ramener tour à tour, à travers mille dangers, les débris de ces armées qui avaient dû changer la face de l'Europe. Des cent vingt mille Français qui avaient envahi l'Allemagne en 1741, trente-cinq mille à peine repassèrent le Rhin deux années plus tard dans un affreux dénuement.

Les années 1744 et 1745 furent plus heureuses.

L'armée, confiée au commandement du maréchal de Saxe, reparut, malgré ses pertes, plus nombreuse et mieux disciplinée que jamais. Louis XV lui-même sembla sortir de son apathie et se rendit au camp suivi de sa cour et de son conseil. Il fit autant par sa présence que les généraux par leurs habiles manœuvres, et l'apparition d'un monarque absolument étranger à l'art militaire ramena la victoire sous les drapeaux qu'elle avait abandonnés. On prit successivement Menin, Ypres, Furnes et Fribourg en Brisgaw. La reddition de cette dernière place fut due particulièrement à un stratagème imaginé par le comte d'Argenson. On accorda, aux garnisons des deux premiers forts qui se rendirent, l'autorisation de se retirer dans le troisième, où le défaut de subsistances les força bientôt de capituler. Puis vint la victoire de Fontenoy, après laquelle le ministre de la guerre reçut du roi, en reconnaissance de ses services, huit des canons anglais pris durant la bataille. La nouvelle victoire de Lawfeldt, la prise de Berg-op-Zoom, et enfin l'investissement de Maëstricht, amenèrent la soumission complète de la Belgique hollandaise et autrichienne, et mirent la France en mesure de conclure la paix avec honneur et générosité à Aix-la-Chapelle. Le comte d'Argenson eut une très grande part à cette brillante période de nos guerres, sinon en commandant de sapersonne les armées qu'il perdit rarement de vue pendant ces campagnes, du moins en y maintenant la discipline, et faisant succéder la confiance au désordre et au découragement.

Le rétablissement de la paix lui suggéra d'autres pensées qui rendirent son administration non moins profitable à la France. Il s'efforça d'inspirer au roi le goût des établissemens utiles; c'est à lui qu'est due la fondation de l'*Ecole militaire*, que Voltaire appelle le plus beau monument de ce règne. Il ne cessa point de s'occuper des Invalides; ce fut pour ces vieux serviteurs que fut plantée, en face de leur hôtel, la belle promenade à laquelle fut donné le nom de *Champs-Elysées*. Le comte d'Argenson forma le corps des grenadiers de France, qui se signala dans une foule de rencontres, et fit instituer, en 1750, une noblesse militaire en faveur des officiers parvenus aux grades supérieurs.

Dès l'année 1749, le comte d'Argenson réunit au ministère de la guerre le département de Paris (1); et cette ville lui dut, entre autres monu-

(1) Sous l'ancien régime, il n'existait pas, à proprement parler, de ministère de l'intérieur, et les diverses provin-

mens, la place Louis XV, dont le premier nom fut celui de *place Fontenoy*, la rue Royale et les beaux édifices qui en décorent l'entrée. Il organisa la compagnie du guet, lui donna un uniforme et en fit une sorte de garde nationale, composée de bourgeois et d'artisans, destinée à assurer la tranquillité publique par son service régulier.

Le renvoi de son frère en 1747(1), n'influa nullement sur la carrière du comte d'Argenson. Bien qu'il se fût montré dans plus d'une occasion ouvertement opposé à la marquise de Pompadour, et qu'il ne craignît pas de résister aux caprices de la favorite, il se maintint au ministère jusqu'au moment où la guerre se ralluma en 1756. Il présidait encore aux apprêts de l'expédition du Port-Mahon, si brillamment emporté sur les Anglais par le maréchal de Richelieu. Mais en

ces ou *généralités* étaient partagées entre les ministres secrétaires-d'état en exercice. Les provinces conquises ou limitrophes réunies sous les règnes de Louis XIV et Louis XV, dépendaient naturellement du ministre de la guerre. Le comte d'Argenson qui jouissait de la plus grande faveur, y joignit l'administration de Paris, depuis la disgrâce de M. de Maurepas, en avril 1749.

(1) Voy. page 33.

février 1757, les ressentimens de la marquise amenèrent enfin la disgrâce du comte d'Argenson, qui fut accompagnée de celle de son collègue, le garde-des-sceaux Machault d'Arnouville. « Cet évènement, dit M. Lacretelle, priva la » France des deux seuls hommes d'état qu'elle » possédât alors ; on ne pouvait plus mal choisir » son temps. » Peu de mois après la retraite du comte d'Argenson, nos armées essuyèrent la déroute de Rosbach.

Au milieu des soins du ministère, et de l'agitation des cours où il était loin de demeurer inactif, le comte d'Argenson trouva le temps de cultiver les lettres, et surtout de s'entourer des écrivains et des artistes. « Soyez béni » entre tous les ministres, lui disait Voltaire en » 1744, d'aimer les beaux-arts au milieu de la » guerre. C'est un mérite bien rare et qui prouve » bien qu'on est au-dessus de son emploi. » Le département des Académies, dont il avait été chargé depuis le renvoi de M. de Maurepas, lui facilita les moyens de seconder la plupart des gens de lettres et des philosophes de ce siècle. Aussi ne doit-on pas être surpris de trouver son nom attaché à l'un des principaux monumens littéraires du dix-huitième siècle. C'est au comte d'Argenson que Diderot et d'Alembert, en 1751, dédièrent l'*Encyclopédie* : c'était *un ministre digne de l'entendre et digne de la protéger* (1).

Après son renvoi et son exil dans sa terre des *Ormes* (2), les visites de plusieurs de ceux qu'il avait obligés l'aidaient à oublier les faveurs et les dignités qu'il avait perdues. Au nombre de ces courtisans du malheur, furent Marmontel, Moncrif, le président Hénault surtout, qui, à diverses reprises, fit aux Ormes des séjours prolongés. Cependant la relation que Marmontel nous a laissée, dans ses Mémoires, de sa visite aux Ormes, nous fait voir que le comte d'Argenson supporta sa disgrâce avec beaucoup moins de calme et de liberté d'esprit, que son frère n'en avait montré dans une situation semblable. *Il est vrai qu'elle le poursuivit de toutes ses rigueurs.* La sévérité de son exil était telle, qu'atteint de graves infirmités, et notamment de la perte presque totale de la vue, il n'obtint qu'avec difficulté et très tardivement, la permission de venir se faire traiter à Paris. Un mois s'était à

(1) Voltaire, *Lettres sur quelques écrivains accusés d'athéisme.*

(2) En Poitou, département de la Vienne.

peine écoulé depuis son retour lorsqu'il mourut en 1764, à l'âge de soixante-huit ans.

Nous ne pouvons nous refuser à reproduire ici quelques lignes du portrait que Madame du Deffand a tracé de ce ministre.

« M. d'Argenson n'a aucun des défauts des » âmes faibles; il n'est susceptible que de pas» sions fortes, et ne peut être remué que par de » grands objets. Né haut et ambitieux, il ignore » les petitesses de la vanité et les manéges de » l'intrigue. Ses talens sont le seul moyen qu'il » emploie pour s'élever à la fortune, parce qu'il » sent que ce moyen lui suffit.

» Ce n'est point par comparaison ni par ré» flexion, qu'il a bonne opinion de lui-même; » c'est, pour ainsi dire, par un instinct qu'il a » de ce qu'il vaut. Il se croit capable de tout sa» voir, mais il ne croit savoir que ce qu'il sait.... » Son courage est comme toutes ses autres qua» lités, et de l'espèce qui convient à sa place. Ce » n'est point une témérité qui aveugle sur le dan» ger. C'est un sang-froid qui le fait prévoir et » prévenir. C'est une fermeté d'âme qui le fait » surmonter lorsqu'il arrive. Personne n'est plus » prudent, n'a l'air moins mystérieux, et n'est » plus exempt de fausseté.... L'élévation de ses

» sentimens, les lumières de son esprit, répon-
» dent assez de sa droiture et de sa probité, in-
» dépendamment de tout autre principe.

» La nature l'a fait un grand homme; c'est à
» la fortune à le rendre illustre. »

Marc-René, marquis DE VOYER, fils du comte d'Argenson, naquit en 1722. Elevé pour la carrière des armes, il se trouvait, nous l'avons vu plus haut, avec son père et son oncle, à la bataille de Fontenoy. Ce fut là que, chargeant la colonne anglaise à la tête du régiment de Berry, il fut blessé, et tenu pour mort durant deux heures par son père. Il conquit tous ses grades sur les champs de bataille, devint lieutenant-général, directeur des haras, et gouverneur du château de Vincennes. Il fut promu au commandement militaire de la haute et basse Alsace, et ensuite à celui des provinces de Saintonge, Aunis et Poitou. En cette qualité, il dirigea les travaux de fortifications de l'île d'Aix, et l'assainissement des marais de Rochefort. Ce fut dans l'accomplissement de ces devoirs qu'il gagna le germe d'une maladie pernicieuse qui l'enleva en septembre 1782, à peine âgé de soixante ans.

Vers la fin du dernier siècle, le marquis de Voyer était un des grands seigneurs les plus remarqués pour sa fortune, sa haute distinction, et aussi par le faste qu'il déployait dans sa terre des Ormes, où il fit élever un château généralement renommé par sa magnificence et l'élégance de son architecture (1). M. de Voyer n'était pas moins connu par une sorte d'opposition à la cour, manifestée dans l'exagération des doctrines philosophiques dont il faisait profession (2), et surtout par une affectation des modes anglaises que Louis XVI avait souvent désapprouvée. Le marquis de Voyer, doué d'une haute stature, d'une tournure martiale, passait à juste titre pour un des meilleurs militaires de son temps,

(1) Une grande partie de ce château fut démolie en 1823, par l'ordre de M. Voyer d'Argenson. Quels qu'aient été les motifs de celui-ci pour détruire l'ouvrage de son père, il est curieux de lire ce qu'écrivait Paul-Louis Courrier, relativement à cette démolition, dans sa *Gazette de Village* :

« La bande noire achète le château des Ormes, etc., dit » le facétieux écrivain ; société infiniment utile, charitable » et pieuse qui divise la terre, et qui veut que chacun en » ait sa part, suivant l'ordre de Dieu...... »

(2) « Je ne savais pas que vous étiez philosophe, lui dit » Voltaire ; mais je vois que vous l'êtes, et de la bonne » sorte, et je n'approche pas de vous, etc. *Correspondance* » *de Voltaire*, à l'année 1770. »

ayant fait de sa personne et avec éclat toutes les campagnes de la guerre de 1741, et de la guerre de sept ans. Sa valeur, qui tenait de la témérité, lui avait valu plusieurs blessures. Il est question de lui à diverses reprises dans les mémoires du grand Frédéric.

VOYER D'ARGENSON (*Marc-René-Marie*), fils du précédent, naquit à Paris le 19 septembre 1771. Il n'avait que onze ans à la mort de son père, et quatorze ans lorsqu'il perdit sa mère, fille du maréchal de Mailly. Il ne lui restait plus, dans sa première jeunesse, que deux parens rapprochés : son aïeul maternel, le maréchal de Mailly, qui devait périr sur l'échafaud, à l'âge de quatre-vingt-six ans, et son grand-oncle, le créateur de la Bibliothèque de l'Arsenal. C'est à celui-ci qu'il dût sa première éducation ; il fut élevé, ainsi que son cousin le duc de Luxembourg, dans cette vieille demeure du sage Sully, qu'habitait le savant et laborieux M. de Paulmy.

Lorsque mourut M. de Paulmy, en 1787, son pupille était déjà entré dans la carrière des armes il était lieutenant dans un régiment de dragons. A cette époque de sa vie, il entreprit avec l'un de ses camarades, le prince de Laval, un voyage d'agrément et d'étude, dans lequel ils ex plorèrent, en grande partie, à pied, les Pyrénées les Cévennes et les Alpes. Ils parvinrent, dans ces dernières montagnes, à traverser un passage que l'on avait regardé jusqu'alors comme impraticable, et que peu de voyageurs ont franchi après eux.

Toujours avide de s'instruire, le jeune lieutenant suivait à l'Université de Strasbourg, les leçons de droit public du professeur Koch, lorsque la révolution de 1789 éclata. D'Argenson avait alors dix-huit ans ; possesseur de plusieurs terres titrées et d'une vaste fortune territoriale, il jouissait, à titre héréditaire, du gouvernement de Vincennes, du rang de premier baron et grand bailli de Touraine, des domaines engagés de Saralbe et Bouquenon en Lorraine, etc. ; enfin, les honneurs et les prérogatives de la cour devaient être pour lui, non pas une faveur, mais pour ainsi dire un *droit* acquis en naissant. Néanmoins, ces considérations ne l'empêchèrent point d'adopter avec ardeur les principes de la révolution. En cela, il ne fit que suivre l'exemple de beaucoup de ses contemporains, placés dans une situation pareille à la sienne. Il suffirait de citer MM. de Noailles, de Lafayette, de Montmorency, et une foule d'autres jeunes gens appartenant aux familles les plus illustres du royaume, que l'on vit faire volontairement le sacrifice de leurs priviléges et de leur fortune, avec un enthousiasme qui s'est ralenti depuis chez quelques-uns d'entre eux, mais que d'Argenson conserva toute sa vie.

Il fut membre du club Breton dès son origine, et, lorsqu'en 1791, après l'arrestation de Louis XVI à Varennes, on dut redouter l'attaque des puissances étrangères, il se fit attacher, en qualité d'aide-de-camp, au général Wittgenstein, qui commandait une division de l'armée de la Meuse. La guerre ayant été en effet déclarée en 1792, il obtint le même emploi auprès de Lafayette, nommé général en chef, et le remplit jusqu'aux évènemens du 10 août. Alors, Lafayette se voyant dans la nécessité de quitter le sol français, d'Argenson se retira de l'armée en même temps que son général; mais c'est à tort que certains biographes (1) ont avancé qu'il avait abandonné son pays : il resta en France, quelque danger qu'il y pût courir.

En effet, la persécution ne se fit pas attendre : on n'oublia pas qu'il avait été aide-de-camp de

(1) Entre autres les fréres Michaud.

Lafayette, et André Dumont le fit emprisonner à Abbeville parce qu'on avait trouvé, dans ses papiers, un portrait de Louis XVI détaché d'une brochure républicaine qui était en vente chez tous les libraires. Cependant, il parvint à sortir de prison, et se retira dans ses propriétés de Touraine, où, grâce à une vie d'isolement et à des sacrifices pécuniaires, il réussit à échapper aux périls qui le menaçaient.

Ce fut au milieu de ces temps d'inquiétudes et de perplexités de tous les instans, qu'il épousa la veuve du prince Victor de Broglie. Celle-ci, unique descendante de l'ancienne famille des Rosen, originaire de Suède, mais établie en France depuis la guerre de trente ans, était aussi héritière des familles de Grammont et de Vaudrey, en Franche-Comté. Son premier mari était mort sur l'échafaud, et ses enfans vivaient cachés chez des paysans. Emprisonnée elle-même à Vesoul, elle avait réussi à s'évader et à gagner la Suisse, où elle avait trouvé la noble et touchante hospitalité de Madame de Staël. Bientôt elle revint en France, déguisée sous le nom de *Rose* et sous le costume le plus humble, et ne sortit enfin d'anxiété qu'après avoir uni son sort à celui de d'Argenson, auquel elle apporta, en échange de son nom et de son appui, des biens encore sous le séquestre, et des enfans en bas-âge menacés de proscription (1).

Madame d'Argenson fut toujours la meilleure et la plus tendre des épouses et des mères ; aimable, spirituelle, et surtout indulgente et bonne, elle suivit toutes les vicissitudes de la vie de son époux, partageant ses joies et ses peines, et calmant plus d'une fois l'aigreur de ses contrariétés. Distinguée par ses manières dans le grand monde auquel elle avait appartenu par sa naissance et son éducation, excellente dans l'intimité, prévenante et affectueuse pour tout ce qui l'entourait, jamais elle ne montra ni froideur, ni dédain, quel que fût le genre de société avec lequel les devoirs de son époux la mettaient en relation. A Anvers, surtout, elle sut si bien se conformer aux usages et aux mœurs des Flamands, qu'elle gagna l'affection de ce peuple, et y fut d'autant plus vivement regrettée, que ses manières contrastaient avec le ton méprisant et injurieux qu'affectaient les Français dans ces provinces récemment conquises.

(1) L'un de ceux-ci est M. le duc de Broglie, pair de France et ancien ministre.

La tempête révolutionnaire s'apaisa enfin; les années qui la suivirent furent, pour M. d'Argenson, un temps de calme et de bonheur domestique. Ses propriétés, bien qu'elles eussent en majeure partie échappé à la confiscation, avaient été forcément négligées, et réclamaient des soins et une exploitation habile. « Il s'y consacra avec em» pressement, dit une biographie que nous avons » sous les yeux, et se fit, tour-à-tour et presque » en même temps, pépiniériste, berger, labou» reur et forgeron; ses tentatives, la plupart du » temps neuves et hardies, quelquefois couron» nées de produits avantageux, souvent aussi sui» vies d'erreurs et de mécomptes, produisirent » néanmoins des leçons utiles. Parmi les perfec» tionnemens qu'il essaya et qu'il aida à propa» ger, on peut citer de meilleurs assolemens, » l'emploi de nouveaux outils aratoires, les prai» ries artificielles appliquées en grand, de vastes » étendues de landes remplacées par des pins » d'une belle venue; surtout l'introduction des » moutons mérinos, dont, un des premiers, il » réunit un troupeau, lorsque le gouvernement » français forma aux dépens de l'Espagne la ber» gerie de Rambouillet. Manufacturier et grand » industriel, les forges lui durent une impulsion

» analogue, quand plus tard il s'y livra plus spé-
» cialement, pendant les loisirs que lui laissait la
» députation du Haut-Rhin. Il s'efforça d'y intro-
» duire les procédés mécaniques des Anglais, l'af-
» finage à la houille, les laminoirs pour la fabri-
» cation de la tôle et du fer-blanc. »

C'est à dessein que nous rappelons ces détails particuliers à sa vie privée ; nous trouvons, dans l'existence de l'agronome et de l'industriel laborieux, la source des aptitudes et des dispositions d'esprit que nous reconnaîtrons dans l'administrateur et dans l'homme d'état. Ce fut dans la gestion de ses propriétés rurales et dans l'exploitation de ses établissemens manufacturiers que d'Argenson contracta cette habitude de travail et d'activité, cet esprit de suite qui ne se rebute ni des contrariétés, ni des obstacles ; c'est dans le contact habituel avec le peuple, dans la contemplation immédiate des douleurs et des privations des classes pauvres, qu'il puisa cet ardent amour de l'humanité, qui fut la passion de toute sa vie.

Ce fut ainsi que d'Argenson vit passer les années du Consulat et la première période de l'Empire, ne remplissant de fonctions publiques que celles de maire de sa commune et de membre du Conseil général de son département. A deux reprises différentes, en 1803 et 1808, il fut nommé à la présidence du collége électoral de la Vienne; en cette qualité, il accompagna la députation qui fut chargée de complimenter l'Empereur, et le discours qu'il prononça dans cette circonstance fut remarqué de ce prince. Il est vrai qu'à cette époque glorieuse, le despotisme et l'arbitraire ne s'étaient pas encore dévoilés par des actes d'iniquités et de violences pareils à ceux qui signalèrent les dernières années de l'Empire, et contre lesquels nous verrons bientôt d'Argenson protester avec l'énergie et la noblesse de son caractère. L'Empereur qui prétendait rallier à sa dynastie la vieille noblesse, et rattacher les anciens noms aux dignités de sa nouvelle cour, n'eut garde d'oublier d'Argenson; il lui fit offrir une place de chambellan, et, sur son refus, la préfecture des Deux-Nèthes; d'Argenson accepta cette dernière proposition, et partit pour Anvers au mois de mai 1809.

A peine était-il arrivé dans son département, que la guerre y porta ses ravages. Les Anglais débarquèrent à l'improviste dans l'île de Walcheren, et prirent possession de Flessingue, qui leur fut livré par surprise, ou plutôt par trahison. Les vaisseaux français, se retirant à la hâte, se réfugièrent à six lieues au-dessus d'Anvers, dans un bras de l'Escaut appelé le *Ruppel*. La flotte anglaise se disposait à remonter le fleuve, et nulle résistance sérieuse ne semblait pouvoir lui être opposée. Cependant, le roi de Hollande fit rompre les digues des *Polders*; d'Argenson, de son côté, prit une part active aux préparatifs de défense. On réunit à la hâte quelques douaniers qui formaient la seule garnison de la place d'Anvers, on rassembla des munitions de guerre, et le préfet réunit la garde nationale, que bientôt, sur un ordre formel, il se vit obligé de désarmer. Enfin, Bernadotte arriva de Wagram; les cohortes des gardes nationales convoquées des anciennes provinces françaises, eurent le temps de se concentrer en Belgique, et, après quelques semaines d'hésitation, les Anglais se retirèrent. Le seul résultat de leur expédition avait été la destruction de Flessingue.

Ce fut durant l'administration de M. d'Argenson, et à la suite de l'agression imprévue des Anglais, que les génies militaire et maritime exécutèrent, suivant les ordres de l'empereur, les immenses travaux qui mirent Anvers au premier rang parmi les places de guerre de l'empire français. On répara les anciennes fortifications; on en construisit de nouvelles; une seconde ville fortifiée s'éleva sur la rive opposée de l'Escaut, à la *Tête de Flandre*. Des bassins furent creusés et agrandis, afin de recevoir les vaisseaux de ligne; l'étendue de l'arsenal fut doublée, et des ouvriers furent appelés de toutes parts, ainsi qu'une nombreuse garnison.

Mais tandis que ces travaux procuraient de l'ouvrage aux classes populaires, la bourgeoisie était loin de se trouver satisfaite. L'obligation des logemens militaires devenait pour elle une charge onéreuse, et de graves sujets de plaintes s'élevaient contre la conduite des soldats, et surtout contre celle des officiers. La marine militaire entravait le commerce, en envahissant les bassins, et le privant même de l'usage des quais. Les jeunes gens de famille étaient requis pour l'armée sans aucun moyen de remplacement ni d'exemption, et les riches héritières étaient recensées par catégories afin d'être mariées d'office à des généraux.

Le préfet s'efforça toujours de concilier autant qu'il dépendait de lui les intérêts opposés, et d'atténuer la rudesse de la domination militaire. Dans le doute, il prenait plus volontiers le parti des opprimés. Quelle que fût sa sollicitude à l'égard des Flamands, il faisait l'accueil le plus affectueux aux Français qui se rendaient à Anvers. De ce nombre fut le spirituel Montrond, alors le modèle du bon goût et de l'élégance, auquel le préfet d'Anvers ne craignit point d'assurer un asile et de conserver son ancienne amitié. Cependant, exilé de Paris, Montrond avait eu le malheur de déplaire doublement à Napoléon, soit par la hardiesse de ses épigrammes, soit en gagnant trop publiquement le cœur de la belle princesse Borghèse.

Pendant la durée de son administration, M. d'Argenson fut nommé successivement officier de la Légion-d'Honneur et baron de l'Empire. Ces distinctions, en même temps qu'elles le dédommageaient de dénonciations calomnieuses, prouvaient qu'il n'avait rien perdu dans la confiance du prince. Mais bientôt il s'exposa plus ouvertement encore à une disgrâce, par la conduite qu'il tînt lors du fameux procès du maire d'Anvers, M. Verbruck. Celui-ci, homme opulent et justement considéré, chef d'une des principales maisons de commerce de cette ville, avait été le premier qui parmi les notables d'Anvers, eut consenti à remplir des fonctions officielles sous la domination française. Mais, par malheur, il avait mal placé sa confiance dans plusieurs de ses subordonnés. Des plaintes s'élevèrent, et M. Verbruck, que les électeurs d'Anvers avaient élu candidat au sénat, fut remplacé dans la mairie par le jeune comte de Cornelissens, dont le père était déjà chambellan.

Bellemare, commissaire-général de police à Anvers, était l'homme de confiance et l'agent spécial de la police personnelle. Il avait pour mission particulière d'épier la conduite des principaux fonctionnaires, et l'ardeur qu'il mit dans ses dénonciations souleva plus d'une fois contre lui le blâme des personnages les plus dévoués à Napoléon. C'est ainsi que M. Malouet, alors préfet maritime, et depuis conseiller-d'état, dut lui même sa disgrâce et son exil à l'attachement dont il fit preuve pour son ancien collègue d'Argenson. Les tracasseries de Bellemare contre le préfet des deux Nèthes, étaient continuelles, et celui-ci montra pour ces attaques une susceptibilité peut-être outrée. Bellemare, qui ne savait où le prendre en défaut, et qui pourtant voulait faire éclater son zèle, imagina de remettre sur le tapis une histoire presque oubliée, celle de fraudes ou de dilapidations commises, il y avait déjà plusieurs années, dans la perception de l'octroi d'Anvers.

Napoléon parcourait la Belgique et la Hollande ; il s'était embarqué sur l'Escaut, où le mauvais temps le retint plusieurs jours à bord du *Charlemagne*. Après la lecture superficielle d'un rapport qu'il s'était fait faire, il inscrivit au bas dans un moment d'humeur : *renvoyé au grand juge pour faire exécuter les lois de l'empire*. Rien de moins légal pourtant que la suite qui devait être donnée à cette affaire.

Au fond, elle avait si peu de rapport avec l'administration de M. d'Argenson, à laquelle son origine était antérieure, que, dès le lendemain, celui-ci eut avec l'empereur un entretien dans lequel il ne lui déguisa point sa pensée, lui disant que s'il y avait eu précédemment quelques irrégularités dont les causes ne pouvaient désormais se reproduire, il serait de meilleure politique de les oublier, que de s'en rapporter aux exagérations officieuses et intéressées de la police ; que d'ailleurs l'opinion publique était telle, que, selon toute probabilité, les poursuites seraient suivies d'un acquittement. N'importe, répondit Napoléon, *je veux que ce soient des hom-*

mes flétris ; laissant percer dans ces paroles toute sa prévention et toute sa colère (1).

Au surplus, la conduite de M. d'Argenson fut la suivante. La discussion qui s'éleva entre lui et le ministre des finances (2), se rapportait au séquestre qui devait être mis sur les biens du maire d'Anvers et de ses co-prévenus, lesquels, n'étant même que dénoncés, n'étaient pas encore sous le coup de la justice. On exigeait du préfet, non pas qu'il exécutât des ordres impératifs, chose à laquelle il ne se refusait point expressément, mais qu'il prît *de son chef* une mesure qui lui répugnait, qu'il considérait comme illégale et comme injuste, et dont pourtant la responsabilité n'eût pesé que sur lui seul. M. d'Argenson déclara toujours qu'il n'agirait point, tant qu'un arrêté formel du ministre des finances ne lui aurait pas commandé de mettre sous le séquestre les biens des prévenus. Non seulement cet arrêté

(1) S'il faut en croire les mémoires de Berryer père, qui fut le défenseur de Verbruck devant le jury de Bruxelles, cette affaire se serait liée à un plan général de confiscation des revenus communaux ; Napoléon projetait de s'approprier le produit des octrois, et de les confondre dans l'administration générale des contributions indirectes.

(2) C'était alors Gaudin, duc de Gaëte.

ne fut point rendu ; mais le préfet fut réprimandé, et il lui fut imputé à crime de n'avoir pas fait ce qui ne lui était pas expressément ordonné.

Cette lutte dura dix-huit mois entiers, durant lesquels, et tant qu'il resta préfet, le séquestre ne fut point apposé. Pendant ce temps, et d'après son itératif et obstiné refus, le Conseil-d'Etat avait été appelé à instruire sur son opposition et à la juger.

Une commission fut formée, qui, sans vouloir entendre M. d'Argenson, ni verbalement, ni par déposition écrite, conclut sur le rapport de Boulay de la Meurthe, l'un de ses membres, d'une part à la destitution immédiate du préfet, de l'autre, à ce que la législation fût révisée en ce sens qu'elle donnât au ministère des pouvoirs plus précis et plus efficaces à l'égard de ses subordonnés. Il fut aussi proposé de se saisir provisoirement des biens personnels du préfet, comme garantie du préjudice que son retard avait pu occasionner au Trésor.

Néanmoins le Conseil-d'Etat en corps, présidé par Cambacérès, ne jugea point convenable de procéder avec cette rigueur. Il en référa à l'empereur, alors occupé de la campagne de Russie. Napoléon, par un décret spécial et nominatif, daté de Moscou, le 21 septembre 1812, mais qui, ayant été intercepté par les cosaques, ne parvint à Paris qu'après plusieurs mois, renvoya de nouveau l'examen de la conduite du préfet d'Anvers, devant une autre commission de trois conseillers-d'état. (L'amiral Gantheaume, MM. de Lavalette et de Ségur.)

Ceux-ci, plus calmes sans doute et moins prévenus que leurs devanciers, se réunirent à peine et ne conclurent positivement à rien. Dans l'intervalle, la cinquième ou sixième démission offerte par M. d'Argenson, avait été acceptée (10 mars 1813).

Savoye Rollin, qui le remplaça dans la préfecture des Deux-Nèthes, ne fit aucune difficulté de se prêter à la mesure qui avait tant répugné à son prédécesseur.

Mais pendant ce temps, l'affaire du maire d'Anvers avait pris une tournure bien grave, et propre à mettre en évidence tous ceux qui y avaient participé.

Traduit, ainsi que ses co-accusés, devant la cour d'assises de Bruxelles, ils y furent pleinement acquittés, puis reconduits avec pompe, et fêtés par leurs concitoyens, qui ne voyaient en eux que des victimes de la tyrannie dont ils subissaient eux-mêmes les excès.

L'Empereur, en apprenant cette nouvelle à Dresde, entra dans une violente colère, et écrivit au grand juge Régnier, pour lui ordonner de faire remettre en jugement le maire d'Anvers. ses soi-disant complices, et jusqu'aux membres du jury, si cela devenait nécessaire.

En effet le sénat, s'appuyant sur un article oublié des constitutions de l'empire, rendit le sénatus consulte inoui du 28 août 1813, par lequel l'arrêt de la cour d'assises de Bruxelles fut cassé, le maire renvoyé en prison et traduit devant une autre cour criminelle, celle de Douai, devant juger cette fois sans jury. Le malheureux Verbruck ne put supporter de tels coups; il mourut en prison, totalement ruiné.

Par une contradiction bien choquante, ce même sénat, dans l'acte de déchéance signifié à Napoléon l'année suivante, le 3 avril 1814; mentionna, comme l'un des motifs de sa dégradation, le crime d'avoir *confondu les pouvoirs et violé l'indépendance des corps judiciaires* (1).

(1) La rédaction de l'acte de déchéance fut l'œuvre de Grégoire.

M. d'Argenson, auquel ses amis, d'après le caractère bien connu du gouvernement d'alors, avaient donné le conseil de se laisser quelque temps oublier, s'était retiré dans ses forges d'Alsace. Il s'y trouvait encore en 1814, à l'époque de la première invasion. Dès que les routes, long-temps couvertes d'ennemis, devinrent praticables, il se rendit à Paris. Là, il apprit qu'un acte du gouvernement provisoire (Monsieur remplissant les fonctions de lieutenant-général du royaume), le nommait à la préfecture des Bouches-du-Rhône, considérée comme l'équivalent de celle des Deux-Nèthes, que lui avait fait quitter sa résistance à la toute puissance de Napoléon.

Sa réponse, en date du 13 mai, fut un refus, fondé sur ce qu'il ne voulait accepter aucune fonction, tant que le territoire serait occupé par les armées ennemies, et que la France n'aurait pas une constitution *libre et agréée par la nation.* Ces seuls mots condamnaient par anticipation *la Charte octroyée*, à laquelle venait de préluder la déclaration de Saint-Ouen (2 mai 1814).

L'année de la première Restauration s'écoula sans autre incident notable dans sa vie. La Chambre des députés instituée sous l'Empire, fonctionnait à la satisfaction du nouveau gouvernement. Celui-ci d'ailleurs, se montrait peu empressé de procéder à de nouvelles élections, incertain qu'il était dans sa marche, et peu familiarisé avec une nation pour laquelle il avait été si long-temps étranger.

Le mode électif dont la France semblait déshabituée depuis tant d'années, reparut pour la première fois dans les Cent-Jours. D'Argenson fut envoyé à la Chambre des représentans par l'arrondissement de Béfort (Haut-Rhin). Cette Chambre était nombreuse, et le temps ne permit pas aux opinions de s'y classer avec quelque certitude. D'Argenson se rangea cependant parmi cette fraction qui, au lieu de s'attacher à la fortune de l'Empereur, voulait, quels que fussent les évènemens, soutenir avant tout la cause de la liberté et les grands principes posés par l'Assemblée constituante. A cette fraction appartenaient avec lui Lafayette et son fils Georges, deux des Lameth, et déjà aussi Manuel que l'on vit faire ses premières armes de tribune avec un succès éclatant.

Le sort de la guerre s'était prononcé contre la France. L'aigle impériale vaincue à Waterloo, était tombée pour ne plus se relever. Napoléon ne trouvant point dans les Chambres l'appui sur lequel il avait compté, venait d'abdiquer pour la seconde et dernière fois. Les Anglais et les Prussiens s'avançaient à grandes journées sur Paris, tandis que les Russes et les Autrichiens franchissaient les limites du Rhin. La commission de gouvernement qui venait d'être instituée, espérant encore pouvoir traiter de la paix au nom de la nation française, nomma des commissaires pris dans les deux Chambres, et investis de pleins pouvoirs, pour se rendre au quartier-général des monarques coalisés. Ces commissaires furent MM. de Pontécoulant, de Lafayette, d'Argenson, Laforest et Sébastiani. Benjamin-Constant leur fut adjoint comme représentant le Conseil-d'Etat, et aussi en raison de ses anciennes relations avec l'empereur Alexandre. Les commissaires arrivés, non sans dangers, jusqu'au quartier-général de Haguenau, y furent reçus avec plus d'égards que la situation des affaires ne permettait de l'espérer. Les puissances continentales laissèrent entrevoir le désir de s'entendre avec eux. Mais les négociations échouèrent devant la mauvaise volonté de l'Angleterre, et aussi devant le refus que firent et que devaient faire les plénipotentiaires, de livrer comme gages de leur sincérité, des places fortes et la personne même de Napoléon.

Cependant la commission du gouvernement, que dirigeait Fouché, n'avait pas attendu leur retour pour traiter avec les généraux anglais et prussiens, dont les armées atteignaient les faubourgs de Paris. Lorsque les commissaires revinrent, une capitulation était déjà signée, et les barrières étaient occupées par les troupes ennemies. La Chambre des représentans ne s'était cependant point séparée. Elle occupait ses séances à discuter une constitution, dans laquelle, chose remarquable ! elle proclamait à-la-fois l'abolition de la noblesse et l'institution d'une pairie héréditaire. Lafayette et d'Argenson arrivèrent à temps pour se prononcer sur ces deux questions, en faveur de la première et contre la seconde. Ils s'associèrent également à la déclaration par laquelle la Chambre protestait à l'avance contre la violence, et détaillait longuement les droits imprescriptibles que la nation devait faire respecter d'un monarque, *quel qu'il fût*. Le lendemain du jour où ce manifeste fut adopté (le 8 juillet), les représentans trouvèrent closes les portes de la Chambre. Quelques-uns d'entre eux, et d'Argenson fut de ce nombre, se réunirent chez le président Lanjuinais, afin d'y rédiger un procès-verbal constatant la protestation des députés contre la violation de leurs droits, et motivant la cause de leur séparation.

Dès la rentrée de Louis XVIII et l'installation du ministère présidé par M. de Talleyrand, les colléges électoraux furent convoqués pour le mois de septembre 1815. D'Argenson fut élu pour la seconde fois par le collége de Béfort. Il fit partie de cette nouvelle assemblée que l'on surnomma la *Chambre introuvable*, et dans laquelle il était presque seul pour représenter le parti patriote. Venue après une violente secousse politique et née dans un temps d'agitation profonde, la Chambre introuvable, œuvre de passions furibondes et d'aveugles frayeurs, eut une majorité ardente, haineuse et surtout ignorante de la véritable situation de la France. Cette majorité se dessina, et dévoila ses tendances dès la discussion de l'adresse, lorsqu'elle ne répondit au roi, qui avait parlé d'union et d'oubli, que par des *appels à la juste sévérité des tribunaux*.

Ce fut en présence de ces hommes exaltés, enivrés par un triomphe si long-temps inespéré, que d'Argenson tenta ses premières expériences de tribune. Les principaux travaux de la session furent la discussion de trois projets de loi d'exception : le premier contre les cris et écrits séditieux, le second sur la suspension des libertés individuelles, et le troisième portant le rétablissement des cours prévôtales. Bien que placé dans la situation la plus défavorable, il n'hésita point à engager le combat. Le projet de loi portant suspension de la liberté individuelle était présenté et soutenu par M. Decazes. Quelques réclamations s'élevèrent à peine contre cette atteinte formelle aux promesses de la Charte. Mais d'Argenson ne s'attachant pas à des amendemens insuffisans, attaqua la loi dans son principe. A cette époque de terreur et de réactions sanguinaires, les haines religieuses s'unissaient aux haines politiques et les royalistes du midi n'épargnaient pas plus les protestans que les Bonapartistes. Cependant, ces nouvelles, étouffées par la censure des journaux, étaient à peine révélées par des correspondances confidentielles.

« On vous a répété, s'écriait d'Argenson dans » son discours, que des clameurs séditieuses, que » des provocations à la révolte s'étaient fait en- » tendre ; mais d'autres rapports ont déchiré mon » âme, en m'apprenant le massacre des protes- » tans dans le Midi..... » A ces mots éclata l'une des plus vives interruptions dont fassent mention les annales de la législature. Un grand nombre de voix s'écrièrent : *Cela est faux !... Croyez-vous être au champ de mai ? A l'ordre ! à l'ordre !* M Bellart et plusieurs députés royalistes demandèrent à la fois la parole. Mais les cris ne discontinuèrent pas, et le président, M. Lainé, s'étant vu forcé de consulter immédiatement la chambre, le rappel à l'ordre fut prononcé presque à l'unanimité, au milieu d'un tumulte effroyable. D'Argenson, dans cette occasion, se vit même abandonné de ses collègues du parti modéré, qui le livrèrent seul aux clameurs de la majorité. Pourtant il ne se déconcerta point, et, comptant sur la confirmation prochaine de ce qu'il avait avancé, il termina son discours en réclamant une enquête sur la situation du royaume. En effet, quelques jours étaient à peine écoulés, que l'on sut d'une manière certaine les excès des royalistes dans le département du Gard, et non seulement l'assassinat des protestans et le pillage de leurs propriétés, mais encore le meurtre du général Lagarde, qui avait essayé au nom du roi d'arrêter ces atrocités.

Comme complément à la législation exceptionnelle, œuvre de cette session, le ministre de la guerre, duc de Feltre, présenta le 17 novembre le projet de loi sur les cours prévotales. L'exposé des motifs alléguait « qu'il est des époques mal-» heureuses où la Société attaquée avec violence, » est obligée de *traiter en ennemis* ceux qui, pla-» cés dans son propre sein, lui déclarent en quel-» que sorte une guerre ouverte. »

MM. Royer Collard et Cuvier, conseillers d'Etat, étaient chargés de soutenir la discussion de cette loi, dont voici quelques-unes des dispositions principales. Il devait y avoir dans chaque département une cour prévotale, composée d'un prévot et de quatre juges; ceux ci choisis parmi les juges du ressort. Mais le *prévot* était un officier de terre ou de mer, ayant au moins le grade de colonel. La cour prévotale connaissait de tous les crimes politiques, réunions séditieuses, injures contre le roi ou sa famille, etc. Elle prononçait toutes les peines criminelles et correctionnelles. Le prévot, institué par le roi, était chargé de la recherche et de la poursuite des crimes. Le jugement était prompt. Dans les vingt-quatre heures, le prévenu était traduit devant le prévot, l'instruction se faisait, et le jugement, prononcé sans désemparer, recevait son exécution sans délai.

Il n'y avait point lieu à appel, ni à recours en cassation.

Dès le premier jour de la discussion, qui, de la part des royalistes, fut violente et passionnée, comme toutes celles de la session, d'Argenson monta à la tribune pour s'opposer à cette loi qui créait, non des juges, mais de véritables commissaires chargés de servir les hommes du parti triomphant.

« Je laisse aux jurisconsultes mes collègues, » disait-il, à examiner le projet de loi qui vous » est soumis, dans ses rapports avec les principes » de la haute législation. Je demande qu'il me soit » permis de le considérer un instant d'après les » règles de la morale vulgaire..... J'ai souvent » entendu dire que la morale politique recon- » naissait d'autres préceptes que celle de la vie » commune. Quelque impossible qu'il me soit de » le comprendre, je n'essaierai pas de le nier; » mais je dirai que c'est en vain qu'on tenterait » de me persuader que cette doctrine est applica- » ble aux fonctions que nous exerçons. Il me » semble au contraire que, soit que nous nous » considérions comme les délégués de nos conci- » toyens, soit que nous prenions rang dans les » conseils du prince, on ne peut espérer de nous

» d'autres résolutions que celles qui sont inspi-
» rées par le bon sens, la raison, la justice usuelle ;
» j'oserai même dire qu'un des caractères dis-
» tinctifs des gouvernemens désignés sous le nom
» de gouvernemens représentatifs, c'est que la rai-
» son d'état y trouve constamment pour contre-
» poids les simples documens de la morale pra-
» tique... »

Puis il montrait tout ce que présentait d'effrayant l'institution d'une juridiction investie d'une action rétroactive (article 18 du projet de loi), et qui livrait à l'arbitraire du juge la décision d'une foule de questions délicates, compliquées, et qui de leur nature, appartiennent à la compétence exclusive des jurés.

« On dit, ajoutait-il encore, que l'arrivée du
» prévot suffisait seule autrefois pour jeter l'ef-
» froi parmi la multitude ; dirai-je d'où venaient
» ces terreurs ? ce n'était pas de l'approche de
» la justice, c'était de celle du juge !.... Chacun
» craignait de devenir victime de l'erreur, de la
» prévention, de la calomnie, et souvent le cri-
» minel n'était pas celui qui tremblait le plus...
» C'est parce que je suis convaincu que le devoir
» et l'intérêt des gouvernemens les obligent à
» inspirer la sécurité à toutes les classes de la

» société, que je sollicite le maintien de la pro-
» cédure par jurés pour tous les objets de sa com-
» pétence actuelle, et sans préjudice des exten-
» sions et améliorations dont elle est susceptible,
» particulièrement quant au mode de formation
» des listes. Objecter les circonstances pour re-
» courir à des mesures extraordinaires, au risque
» de s'écarter des voies de la stricte justice, n'est-
» ce pas produire sur la nation l'impression la
» plus nuisible? Ceux qui avertissent sans cesse
» le pouvoir de se défier non seulement de sa
» clémence, mais encore d'un respect trop mi-
» nutieux pour les précautions gênantes, sont
» sans doute des hommes doués d'une sagacité
» supérieure. Ne contestons pas la confiance qu'ils
» peuvent avoir dans leurs forces; mais que ceux
» d'entre nous qui ont moins de confiance en
» eux-mêmes, daignent croire avec moi qu'il suffit
» à notre devoir de maintenir sans altération tout
» ce qui est juste et humain. Pardonnez, mes-
» sieurs, si je me suis laissé entraîner à exposer
» l'idée que je me forme de notre mandat. J'ai
» bravé la sorte de ridicule attachée à la répéti-
» tion de moralités triviales. Je crois cependant
» qu'il n'était pas déplacé de justifier une fois
» mon opinion sur les lois d'exception »...

» Si cette opinion m'exposait au reproche de » sacrifier la conservation de l'Etat à de chimé- » riques théories, voici quelle serait ma réponse : » Lorsque la première loi de circonstance nous » fut présentée, je demandai une enquête sur la » situation du royaume. Si elle avait eu lieu, et » que son résultat vous eût portés à croire à la » nécessité de mesures extraordinaires, quelle » que soit mon aversion pour le pouvoir arbi- » traire, j'aurais préféré qu'il fût décerné au gou- » vernement un pouvoir discrétionnaire, limité » dans ses attributions et dans sa durée, à l'é- » mission successive de ces lois exceptionnelles, » dont l'annonce seule entretient ou rallume les » haines des partis dans une nation déjà trop di- » visée. »

Ce discours, quelque mesuré qu'il nous semble dans ses termes, parut alors d'une hardiesse singulière, et l'un des commissaires du roi, le baron Cuvier, crut devoir s'efforcer de le réfuter. La sensation profonde que causèrent à diverses reprises les opinions de Voyer d'Argenson tenait moins à une haute puissance oratoire, qu'à la vivacité de ses sorties et à leur à-propos. Nous ne pouvons que répéter à ce sujet les expressions de celui de ses biographes qui l'a le mieux connu.

» Presque chaque fois qu'il a parlé, ses attaques ont porté coup. Ce qui faisait leur puissance, ce n'étaient pas uniquement les termes dont il s'était servi, et qui, lus à distance, ne produisent pas la même impression; c'est plutôt le moment qu'il choisissait pour lancer des vérités cuisantes à la face de ses adversaires. D'autres, avec une diction plus recherchée, un débit plus oratoire, une dialectique plus complète et plus développée, produisirent moins d'effet sur la Chambre. Jamais, pour ainsi dire, d'Argenson ne monta à la tribune afin d'y prononcer un petit nombre de paroles, sans occasionner ensuite une agitation prolongée. Ses ennemis frémissaient en l'y voyant paraître, ses amis n'étaient pas sans inquiétudes sur ses sorties, sur les doctrines qu'il allait émettre, et qu'ils se verraient dans l'obligation, sinon de soutenir, au moins de ne pas tout-à-fait désavouer. Mais, à proprement parler, il ne fut jamais orateur. Il lui manqua toujours cette confiance avec laquelle il eût parlé d'abondance devant la chambre, comme il le faisait si bien devant une réunion moins nombreuse. Là, son

» esprit de répartie si prompt et si sûr lui était » de peu de ressources ; son organe manquait de » puissance et de sonorité. Il y suppléait par la » netteté de l'accentuation, et par le silence de » curiosité que ses propositions obtenaient pres- » que toujours. Mais cet avantage disparaissait » ensuite dans le trouble qu'il ne manquait guère » de provoquer. Aussi les luttes de tribune am- » bitionnées par d'autres étaient-elles considérées » par lui, non comme une jouissance, mais plu- » tôt comme une fatigue. Il les redoutait, et ne » fut porté de loin en loin à les rechercher, que » comme un devoir qui lui eût été fatalement im- » posé. »

Au milieu des procès politiques et des actes de violence qui signalèrent le second retour de la légitimité, l'audace et l'exagération de la majorité royaliste devinrent telles, qu'elles inquiétèrent les amis sincères et dévoués de la monarchie. Le ministère, présidé par le duc de Richelieu, résolut d'entrer désormais dans les voies de la modération. C'était se mettre en lutte ouverte avec la chambre. Aussi la rupture ne tarda-t-elle pas à éclater, à l'occasion de la loi d'amnistie. Bientôt il ne resta plus d'autre alternative au ministère, que celle de céder la place aux coryphées de la majorité, ou de dissoudre la Chambre. Mais celle-ci se voyait hautement protégée par le pavillon Marsan; et le roi lui-même, bien qu'il eût été blessé de quelques-uns de ses votes et qu'il répugnât à ses allures haineuses et passionnées, lui tenait cependant compte de son zèle.

Une scission ayant éclaté parmi les membres du cabinet, MM. Lainé et Dambray remplacèrent MM. de Vaublanc et de Marbois aux ministères de l'intérieur et de la justice.

L'entrée de M. Lainé aux affaires était particulièrement un succès pour le parti modéré. Ayant présidé tout récemment la Chambre de 1815, il y avait essuyé des mortifications et des dégoûts dont le souvenir n'était point effacé. Aussi accepta-t-il avec empressement le rôle qui lui fut dévolu, de préparer et de contre-signer l'ordonnance du 5 septembre, d'après laquelle aucun article de la Charte ne devait à l'avenir être revisé, et qui prononçait la dissolution immédiate de la Chambre des députés.

Les élections nouvelles eurent lieu au mois d'octobre 1816. Elles furent faites généralement dans un sens favorable à la politique du ministère, et plusieurs des membres les plus marquans de l'ancienne majorité ne furent point réélus. Quant à l'opposition de gauche, c'était à peine si l'on pouvait reconnaître son existence. Pourtant ses rangs commençaient déjà à se recruter, et d'Argenson y fut rappelé par le département du Haut-Rhin.

Un des premiers actes de la session fut la discussion de la fameuse loi électorale, dont l'adoption fait époque dans les annales de la Restauration. En effet, ce devait être une question vitale; deux systèmes étaient en présence : le double degré mis en avant par les royalistes, et l'élection égale et directe soutenue par le centre gauche ; l'un donnant en apparence plus de prise à l'aristocratie, l'autre assurant la prépondérance de la propriété moyenne. Le conseil des ministres s'était arrêté à la combinaison d'un cens unique, et de l'élection directe.

Ce système supprimait définitivement toute assemblée primaire cantonnale ; mais, en même temps, il abolissait les adjonctions auparavant livrées à l'arbitraire des préfets, et dont l'usage, introduit sous l'Empire, avait été porté aux élections précédentes jusqu'à ses conséquences les plus extrêmes. Le cens demeurant fixé à trois cents francs, d'après les termes positifs de la

Charte, les colléges d'arrondissement étaient supprimés ; il n'y avait plus, dans chaque département, qu'un collége unique, élisant un nombre de députés proportionné à sa population et à son étendue. Ce fut là cette loi que l'opinion publique accepta avec enthousiasme, qu'elle considéra comme le complément de la Charte constitutionnelle, et qui fut appelée emphatiquement le *palladium* de nos libertés.

D'Argenson l'appuya et en vota l'adoption, quoique ce ne fût pas *sans quelques scrupules*, ainsi qu'il le dit lui-même dans son discours, dont nous citerons les premières lignes : « Ce » n'est pas, sans doute, sans avoir eu à surmon- » ter de nombreux scrupules, que plusieurs » membres de cette Chambre se sont déterminés » à voter les articles adoptés jusqu'ici.

» Faire disparaître de notre ordre politique » ces assemblées primaires, cette distribution de » personnes et de territoire, qui continue de fi- » gurer si utilement, dans l'ordre administratif » sous le nom de cantons, dans l'ordre judiciaire, » sous le nom de justices de paix ; supprimer ces » assemblées qui, pour la plupart, n'ont jamais » mérité les reproches ni les funestes éloges d'ê- » tre tour-à-tour des foyers d'anarchie, ou des ins-

» trumens aveugles et dociles à la disposition
» des hommes puissans ; bien plus encore, dé-
» pouiller de leurs droits politiques tant de ci-
» toyens recommandables, les plus fermes ap-
» puis de toute bonne organisation sociale, parce
» qu'ils ne peuvent presque jamais prétendre à
» aucun avantage particulier, au préjudice de
» l'intérêt commun ; enfin, Messieurs, retirer à
» nos commettans des droits auxquels seuls nous
» devons, comme électeurs et comme députés,
» notre existence politique ; ce sont de graves et
» douloureux sacrifices. Pourquoi les a-t-on faits,
» ces sacrifices ? parce que l'on a senti l'urgente
» nécessité d'avoir enfin une loi sur les élections,
» qui dégageât notre mécanisme électoral des al-
» térations que les sénatus-consultes, les décrets,
» les ordonnances, les adjonctions, l'intervention
» des préfets, ont multipliées à l'infini ; parce
» qu'on s'est livré à l'espérance clairement indi-
» quée à plus d'une reprise, dans cette discus-
» sion, que nos successeurs, plus heureux que
» nous, verront s'accroître par la force des cho-
» ses et par leurs propres travaux, le nombre des
» hommes auxquels sera confié l'exercice du plus
» important de nos droits. »

Cette citation suffit pour démontrer que les

vœux de d'Argenson, en matière de réforme électorale, dépassaient de beaucoup les termes de cette loi, et qu'il ne la considérait que comme un pis-aller, et comme un premier pas vers le but auquel on devait tendre sans cesse.

La loi d'élection conservait le renouvellement de la Chambre *par cinquièmes*, lequel était encore un des principes posés par la Charte elle-même; aussi, son effet ne pouvait-il être que graduel et progressif. Elle produisit donc et recruta, d'année en année, cet illustre *côté gauche*, qui fut riche en talens remarquables et en brillantes individualités.

D'Argenson, qui se trouvait avoir sur ses collègues l'avantage de la priorité, se vit, en quelque sorte, le centre autour duquel vinrent se grouper les hommes appartenant à son opinion, dont il fut toujours considéré comme le type et le véritable modèle. Aussi Béranger fait-il dire au député ventru, dans sa chanson publiée en 1819 :

> Au centre toujours fidèle,
> J'ai pris, suivant ma leçon,
> Place à dix pas de Villèle,
> A quinze de d'Argenson.

Les élections successives grossirent considérablement cette portion de la Chambre. Quiconque briguait les suffrages des électeurs, se faisait honneur de lui appartenir ; car, plus qu'aucune autre, elle sympathisait avec l'opinion, et ses doctrines étaient, avant tout, nationales. Aussi, le côté gauche serait-il probablement devenu maître des évènemens, si, ce qu'il gagnait en nombre, il ne l'eût perdu en vigueur. Entre tant d'individualités, réunies plutôt par le besoin de la résistance que par une conformité complète de sentimens, la cohésion ne pouvait être puissante. Cependant, on espérait du temps et des recrues prochaines l'assiette d'une majorité régulière et homogène. Encore un autre cinquième, encore quelques mois d'attente et d'expérience, se disait-on partout, et la révolution sera faite d'une manière assurée ; révolution pacifique et parlementaire, telle que la demande le pays. Qui sait si ce but n'eût pas été prochainement atteint, sans le coup de poignard de Louvel ?

Durant les longues et orageuses sessions qui remplirent les premières années de la Restauration, d'Argenson monta plusieurs fois sur la brèche. Il y garda toujours cette attitude énergique qu'il avait prise dès son début à la Chambre.

Il prit la parole au sujet de la loi du recrutement, dont il réclamait le vote annuel ; plaida la cause des bannis détenus à Pierre-Châtel, et demanda la rentrée en France de ceux dont les noms avaient été portés sur les ordonnances de 1815.

Lorsqu'on discuta le projet de loi sur les dotations ecclésiastiques, il fut le seul qui en combattit directement le principe, soutenant que l'on ne devait autoriser que les seuls établissemens d'utilité publique, non pas en qualité de corporations distinctes, mais simplement comme annexes des propriétés communales. Il attaqua la proposition de décerner une récompense nationale au duc de Richelieu, dénonça les vexations auxquelles les jeunes gens protestans étaient exposés dans la plupart des colléges et des établissemens d'instruction publique, s'éleva contre le monopole des postes, contre l'impôt immoral des loteries, et proposa l'abolition de la rétribution universitaire.

Il ne défendit pas moins la liberté de la presse contre les lois de censure et les entraves de toutes sortes auxquelles étaient soumis les journaux et autres écrits périodiques.

» Ces feuilles, disait-il, sont le flambeau des

» assemblées délibérantes, par le crédit dont
» elles jouissent lorsqu'elles sont indépendantes
» et responsables seulement devant la loi, par
» l'analyse qu'elles donnent des ouvrages impor-
» tans, par l'attention qu'elles mettent à recueillir
» les décisions de l'opinion publique. Elles sont,
» pour ainsi dire, les juges des Chambres, et, à
» ce titre, il n'est pas permis de nous soustraire
» à cette juridiction, ni d'en diminuer l'inté-
» rêt. » Aussi demandait-il que les délits de la presse fussent soumis à l'appréciation du jury, forme protectrice que le législateur n'était pas libre d'appliquer ou de suspendre à sa guise, mais qui, par l'effet d'une expérience prolongée, s'était identifiée avec nos mœurs, et avait pris les caractères d'une institution nationale, en même temps que d'un précepte général d'humanité.

Tel était alors le mouvement de l'opinion, que, durant les intervalles des sessions, les voyages des députés libéraux dans les départemens prirent souvent le caractère de marches triomphales.

La présence de d'Argenson devint, à diverses reprises, l'occasion de ces manifestations patriotiques. Pendant l'été de 1818, une première réception de ce genre lui fut faite à Poitiers, une seconde à Châtellerault. Celle-ci fut accompagnée d'un incident relatif à la célébrité qu'il s'était acquise, et qui était alors dans tout son éclat. Une dame calviniste, âgée de 91 ans (Madame de Lessart), voulut voir, avant de mourir, le défenseur des protestans du Midi, et le remercier de sa conduite au nom de ses co-religionnaires ; une affluence nombreuse se porta sur le passage du député, et plusieurs journaux dirent que la ville avait été illuminée. Le maire de Châtellerault, protestant lui-même (il est vrai qu'il abjura plus tard), profita de ce récit pour déclarer dans les journaux que la *partie honnête* de ses administrés (c'est ainsi qu'il s'exprima), avait été affligée de cet accueil fait *à un député du Haut-Rhin.*

La réponse que d'Argenson lui fit par la même voie pourrait être citée comme un modèle de cette ironie mordante qu'il possédait à un haut degré.

En Alsace, il était reçu avec plus d'enthousiasme encore. Dans cette province, occupée militairement par les Autrichiens, des populations entières venaient à sa rencontre et l'accompagnaient de leurs acclamations. Des gardes nationales volontaires s'improvisaient à son approche, et l'on vit reparaître dans son cortége l'uniforme des lanciers du Haut-Rhin, qui avaient été licenciés après avoir combattu l'invasion.

Un an plus tard, en septembre 1819, d'Argenson, entouré de la même popularité, vint assister et donner le mouvement aux élections de la Vienne. On vit, ce qui n'avait pas eu lieu depuis bien des années, une réunion préparatoire de tous les électeurs libéraux du département, dans laquelle fut discuté le mérite respectif des candidats. Cette réunion assura la nomination de deux hommes connus par l'énergie de leur libéralisme, et dont le second surtout a marqué dans la carrière politique d'une manière durable : le professeur Fradin et le général Demarçay.

Au mois d'août 1820, d'Argenson recueillit de nouveaux honneurs en Alsace. La réception qui lui fut faite à Mulhouse, le 20 août 1820, fut remarquable sous plus d'un rapport ; elle fut immédiatement suivie de la destitution de Jacques Kœchlin, maire de Mulhouse, qui y avait participé avec le plus de zèle. Quelques semaines après, Jacques Kœchlin était élu député du Haut-Rhin, avec Bignon qui venait d'échouer dans l'Eure.

La famille des Kœchlin, qui comptait dix frères associés dans les mêmes entreprises industrielles, occupait un grand nombre d'ouvriers et exerçait dans ce département une immense influence. D'Argenson qui, comme grand manufacturier, était aussi leur émule, partageait et nourrissait l'énergie de leurs sentimens. Plus d'une fois l'impulsion qu'ils donnèrent de concert à ces populations laborieuses, mais guerrières par instinct, et qui, plus que d'autres, avaient souffert impatiemment la prolongation du séjour des étrangers, causa des inquiétudes sérieuses aux agens de la contre-révolution, dont les tendances étaient vivement contrariées par ces démonstrations patriotiques.

Généralement, en France, la cause libérale était en progrès depuis 1816; progrès lent et graduel, mais régulier, pacifique et certain. L'opposition courageuse et éclairée de la gauche avait jeté dans les esprits les germes d'une liberté sagement co-ordonnée, qui n'eussent point tardé à fructifier sans l'évènement du 13 février 1820. Le gouvernement, malgré sa stupéfaction, ne perdit point de temps. Il se hâta de retirer de la poitrine sanglante du duc de Berry le poignard que Louvel y avait plongé, et s'en servit pour briser les entraves que lui imposaient la Charte et les institutions qui en étaient la conséquence. Dès la première réunion du conseil des ministres, on décida la censure de la presse, la suspension des libertés individuelles et le renversement de la loi électorale. Ces trois projets furent immédiatement présentés aux chambres, et leur discussion remplit la plus grande partie de la session de 1820.

La liberté individuelle et la liberté de la presse furent sacrifiées, malgré les talens et les efforts des orateurs de la gauche. Mais l'opposition tout entière se rallia autour des libertés électorales, et les défendit pied à pied. Il n'y eut pas dans la gauche un homme qui ne payât, pour ainsi dire, de sa personne dans ce combat acharné. D'Argenson écrivit de son côté, et publia par la voie de la presse, une opinion dont les expressions étaient tellement acerbes qu'elles parurent telles, même au milieu de l'exaltation universelle. Elle se terminait par cette phrase, énergique protestation contre toute innovation au système électoral en vigueur :

« Si la chambre adoptait cette loi que *je repousse avec indignation*, elle *imposerait aux citoyens des devoirs plus graves.* »

En effet, c'était une époque de surexcitation extraordinaire. Benjamin Constant, Foy, Manuel montaient à la tribune chaque jour, et ne laissaient sans réplique aucun des argumens de leurs adversaires. Chauvelin, l'ami de d'Argenson, dont la parole aussi fine qu'acérée, aussi abondante que spirituelle, était à la fois l'une des puissances et l'un des ornemens du côté gauche, Chauvelin, atteint d'une maladie aiguë, et presque mourant alors, se faisait porter en litière à travers les rues de Paris, afin que son vote complétât le scrutin. La polémique des journaux n'était pas moins ardente et passionnée. Dès la pointe du jour, une foule inquiète assiégeait les portes de la Chambre et en obstruait les abords. Une vive sollicitude se manifestait dans tous les quartiers de la capitale, et la jeunesse impatiente des écoles semblait provoquer aux cris de *vive la Charte* les charges de la cavalerie. Tant d'efforts, sans obtenir un véritable succès, ne furent pas dépourvus d'influence sur le dénouement. Le projet du gouvernement avait été bouleversé de fond en comble. Il en sortit un amendement modeste et presque timide, qui ne fut d'abord adopté qu'à la majorité de deux voix, achetées, dit-on, à des prix exorbitans. Les colléges électoraux, sans être modifiés dans leur composition, furent répartis en arrondissemens; une seconde élection dut avoir lieu, au chef-lieu de chaque département, par les plus imposés qui acquéraient ainsi le droit de nommer deux fois. Il s'en suivit une sorte de classement dans la députation comme dans l'électorat, et le germe d'une pairie départementale au petit pied.

La cause libérale était vaincue dans le parlement; mais cet échec paraissait loin d'être irréparable, car elle avait pour elle le pays presque entier. La réaction royaliste qui s'était manifestée après l'assassinat du duc de Berry, par la chûte de M. Decazes et l'avènement du ministère Richelieu, l'adoption et la mise en activité des lois d'exception, les espérances avortées, les services méconnus, tout concourait à accumuler les ressentimens. La jeunesse s'indignait, l'armée trahissait son mécontentement et ses dégoûts; partout on était à bout de patience et de résignation. C'est alors que le *Carbonarisme*, qui avait pris naissance en Italie et avait déjà fait son apparition en diverses parties de l'Europe, s'organisa en France. Peut-être avait-on tenté précédemment quelques essais de sociétés secrètes, mais d'une manière fugitive et sans leur donner cet ensemble, cette forte organisation, ces précautions mystérieuses qui se rencontraient dans les statuts du Carbonarisme. Nous n'avons pas à faire ici l'histoire de cette association, dont l'influence, au milieu des graves évènemens de cette époque, est un fait irrécusable. On sait que, dès les premiers mois de l'année 1821, elle se propagea avec une étonnante rapidité parmi la jeunesse des écoles, dans la plupart des régimens de l'armée et dans beaucoup de départemens. Le général Lafayette, séduit par les espérances de succès qu'elle faisait concevoir, entraîné surtout par son ardent amour de la popularité, n'hésita pas à entrer le premier dans la *haute vente*. Les plus résolus de ses collègues du côté gauche l'y suivirent. Après le nom du général Lafayette, celui de *d'Argenson* fut un des plus marquans parmi ceux des chefs reconnus de cette association, dont le vaste réseau embrassait toute la France. Sans nous arrêter à approfondir dans le Carbonarisme la partie qui en demeurera toujours voilée, il nous suffira, avec le biographe que nous avons déjà cité, » de rappeler quelle » a été la part extérieurement donnée à d'Argen- » son dans ces mouvemens, celle que les débats » judiciaires qui ont suivi, lui ont attribuée. Quel » que soit le jugement porté sur ces faits, il serait » impossible de l'y soustraire. S'il apprit des se- » crets, il subit les conséquences de son initia- » tion; s'il éprouva des répugnances et des dissen-

» timens, il en fit le sacrifice pour ne point revendiquer le bénéfice de l'isolement. S'il y eut » des risques, les siens ne furent pas les moindres; s'il se livra aux chances de la fortune, il » s'efforça de n'y exposer personne inutilement. » Dès l'été de 1820, durant son séjour en Alsace, » la demeure du député fut environnée d'une surveillance tracassière, aussi puérile qu'exagérée, » dont il se plaignit dans une lettre qu'il fit imprimer et distribuer à ses collègues. A la suite » des arrestations nombreuses qui eurent lieu au » mois d'août 1820, on interpréta contre lui certaines phrases d'une lettre saisie chez *Nantil*, » dans laquelle l'un des accusés nommé *Monchy* » parlait d'une visite qu'il venait de faire à un » certain M. *Bachelier*, riche propriétaire des environs de Béfort, auprès duquel il s'était rendu » afin de s'entendre sur des *affaires commerciales*. » Mais, quels que fussent les appels, les moyens » d'intimidation ou de séduction employés envers » les accusés et les témoins, il fut impossible » d'établir entre ces faits plus de connexité..... » L'affaire de Béfort, qui suivit quelques mois » après, fut, à ce qu'il paraît, encore plus grave » pour d'Argenson. On fit coïncider le moment où » éclata cette conspiration, dans laquelle un ren-

» dez-vous commun avait été assigné à un grand
» nombre de jeunes gens venus de Paris, avec un
» voyage que M. d'Argenson entreprit à ses forges
» à pareille époque. C'était au milieu d'un hiver
» ailleurs moins rigoureux, mais dont les brumes
» se convertissaient dans les montagnes des Vos-
» ges en une neige épaisse. Il fut constaté qu'il
» avait passé une journée et une nuit des plus
» rigoureuses de la saison (du 1er au 2 janvier
» 1822) dans une forêt située entre Massevaux et
» Béfort, et dans la vraie hutte d'un charbonnier.
» Ce serait de là qu'il serait parti le lendemain
» même en char-à-banc, afin de revenir à Paris
» par une voie détournée, à la suite de l'avorte-
» ment du complot. Lafayette n'avait pas été aussi
» loin, et, parti plus tard, il aurait rebroussé
» chemin en apprenant la même nouvelle à quel-
« ques lieues de Béfort.

« Suivant le récit de M. Blanc (*Histoire de dix*
» *Ans*, tome I), la vente suprême avait préparé,
» en cas de réussite, une commission de gou-
» vernement provisoire, composée de cinq mem-
» bres : Lafayette, Kœchlin, d'Argenson, Cor-
» celles et Dupont de l'Eure ; autrement, un mi-
» litaire, un manufacturier, *un administrateur*,
» un chef de gardes nationales, et un magistrat.

7

» Telle fut la plus redoutable des attaques por-
» tées à la Restauration, et aussi la mieux com-
» binée ; mais la cour d'assises du Haut-Rhin qui
» en fut saisie apporta dans sa conduite la même
» réserve, nous pourrions dire la même indul-
« gence, dont la chambre des pairs venait de
» donner l'exemple en jugeant la conspiration du
» mois d'août 1820. D'Argenson, qui probable-
» ment n'évita d'être personnellement mis en
» cause que grâce à sa qualité de député, n'en
» fut pas moins vivement inquiété. Une descente
» de justice fut faite en son absence dans son do-
» micile d'Oberbruck, afin d'y chercher *Pégulu*
» qui avait été l'un de ses employés. On força des
» meubles dont il avait emporté les clefs, et qui
» conséquemment ne pouvaient renfermer ni ef-
» fets ni papiers appartenant à Pégulu. C'était
» assez prouver que ces recherches étaient diri-
» gées contre lui-même, et qu'on ne l'eût pas mé-
» nagé si ses précautions eussent été en défaut.
» Il protesta devant la chambre contre cette vio-
» lation de domicile, et réclama un congé, afin
» d'aller lui-même juger de l'étendue du dom-
» mage qui lui avait été fait. Pourtant il n'en fit
» pas immédiatement usage, et demeura à Paris
» où il continua de siéger pendant une partie de
» la session. »

La conspiration de Thouars et de Saumur ne tarda pas à éclater (février 1822); on sait comment elle échoua. Bien qu'on pût lui supposer une direction identique à celle des précédentes, d'Argenson, qui n'avait point quitté Paris, n'y était pas impliqué d'une manière aussi directe. Cependant le procureur-général Mangin signala dans son réquisitoire la complicité, si non matérielle, du moins *morale*, d'une commission permanente ou comité-directeur, dont les membres siégeaient à l'extrême gauche de la Chambre. Il nomma Benjamin Constant, Kératry, Voyer d'Argenson, Foy et Lafayette, comme étant les membres du *comité-directeur* formé à Paris, ainsi que du gouvernement provisoire, au nom duquel le général Berton avait rédigé ses proclamations, et pris possession de la ville de Thouars.

Le réquisitoire de Mangin, parvenant à la connaissance de la Chambre, y occasionna la plus violente agitation; un grand nombre de députés, quels que fussent leurs principes, virent dans une semblable inculpation, dénuée de preuves suffisantes, une atteinte au respect et à l'inviolabilité dus aux représentans de la nation, et M. de Saint-Aulaire proposa d'appeler le procureur-général à la barre de la Chambre. La séance fut des plus orageuses. Après un brillant discours du général Foy, Lafayette, en quelques paroles pleines de force et de hardiesse, demanda à être mis enfin en présence de ses ennemis, afin qu'on pût se dire réciproquement tout ce que, depuis trente années, on devait avoir sur le cœur (1).

Dès l'été de 1822, d'Argenson avait quitté la France ; les sept années de combats journaliers qui venaient de s'écouler, avaient épuisé ses forces et compromis sa santé. Il demanda et obtint, non sans peine, un passeport pour l'Angleterre, où il entreprit un voyage industriel, et il visita, dans le pays de Galles et jusques sur les frontières d'Écosse, les usines analogues à celles qu'il possédait en France. Mais bientôt une violente maladie le contraignit de mettre un terme à ses excursions. Dans sa jeunesse, il avait été traité comme poitrinaire ; les fatigues et les émotions du voyage de Béfort, entrepris, comme nous l'avons dit, au cœur de l'hiver, avaient renouvelé chez lui les mêmes symptômes. Il éprouva en Angleterre un crachement de sang qui le retint, durant plusieurs semaines, à Londres, d'où il revint à Paris sans avoir pu achever l'itinéraire qu'il s'était tracé.

(1) Séance du 1er août 1822.

Pendant son absence, le département du Haut-Rhin avait été appelé à renouveler sa députation. La lettre qu'il adressait en cette occasion aux électeurs montrait un découragement qu'il était facile de s'expliquer. Ses espérances déçues, les haines dont il était entouré, les persécutions qui le menaçaient, étaient pour lui autant de motifs d'engager ses commettans à élire un homme moins en butte à la suspicion du pouvoir. Cependant les électeurs n'hésitèrent point, et d'Argenson, éloigné du collége électoral et même de la France, fut réélu avec empressement dans cette même ville de Béfort qui venait d'être le foyer du mouvement insurrectionnel, et où régnait encore tout l'appareil du régime militaire. C'était la sanction la plus éclatante qui pût être donnée à sa conduite et à ses principes, en même temps qu'une sauvegarde contre de nouvelles poursuites.

Cette législature ne devait être que de peu de durée. Le principal évènement de la session fut la résolution de la guerre d'intervention en Espagne. Les débats qu'occasionna cette prise d'armes furent signalés par un incident majeur ; nous voulons parler de l'expulsion de Manuel (3 mars 1823).

Ce serait sortir de notre cadre, que de rendre compte des séances mémorables qui préparèrent cet événement. On sait quelle fut la noble et courageuse attitude de Manuel. Lorsqu'après l'injonction du président, les inutiles significations des huissiers, après l'hésitation des vétérans et le refus de la garde nationale, on dut avoir recours aux gendarmes pour faire sortir de la salle l'intrépide député ; tous les membres de la gauche se précipitèrent sur son passage en s'écriant : « Emmenez-nous aussi, nous sommes tous Manuel », et ils abandonnèrent l'assemblée. Il serait superflu de demander si d'Argenson fut de ce nombre. Le lendemain, soixante-cinq députés de la gauche, et il fut l'un d'entre eux, signèrent une énergique protestation contre cet infraction aux droits des députés, et contre toutes les délibérations que la Chambre pourrait prendre après cette mutilation de la représentation nationale. Les termes de cette protestation étaient tels qu'aucun journal n'osa la reproduire. De ce jour, d'Argenson s'abstint de reparaître dans la salle des séances. La session fut close le 9 mai.

Cependant, une nouvelle lettre adressée à leurs commettans, lettre plus véhémente encore dans ses termes, avait été concertée et répandue par les quatre députés du Haut-Rhin : Voyer d'Argenson, Jacques Koechlin, Bignon et Georges Lafayette. Cette lettre fut saisie et donna lieu à un commencement de poursuites.

Koechlin seul fut condamné à quelques mois de prison, pour le récit publié en son nom, des circonstances qui avaient accompagné et suivi la tentative malheureuse de Caron.

La Chambre des députés avait été dissoute au mois de décembre 1823. Dans l'intervalle, la guerre d'Espagne était terminée, et M. de Villèle était nommé président du Conseil. Les colléges électoraux furent convoqués en février et mars 1824. Tous les moyens parurent légitimes au pouvoir, pour agir sur ces élections : la séduction, l'intrigue, l'intimidation, l'argent, tout fut mis en usage sans aucun scrupule, et presque à ciel ouvert. Grâces à ces manœuvres, la plupart des signataires de la protestation contre l'exclusion de Manuel ne reparurent plus à la Chambre ; Manuel lui-même en fut banni. Lafayette, frappé de la même exclusion, s'embarqua pour l'Amérique où l'attendaient d'autres triomphes. Presque seul de ses collègues du côté gauche, Foy fut nommé à Paris ; mais un an plus tard, une mort prématurée enleva ce brillant orateur, dans tout l'éclat de sa célébrité et de son talent.

Dans ce même département du Haut-Rhin, qui l'avait toujours si bien accueilli et nommé avec tant de persistance, d'Argenson échoua cette fois contre les intrigues ministérielles. Il fut remplacé par M. Haas, receveur-particulier de l'arrondissement de Béfort, lequel appartint tour-à-tour aux diverses majorités qui soutinrent MM. de Villèle, de Martignac, et, plus tard, Lafitte et Casimir Périer.

La Chambre sortie des élections de 1824, fut celle des trois cents de M. de Villèle. Les temps qu'elle traversa furent une époque de paix pour la Restauration, qui se hâta d'en profiter pour mener à fin ses projets contre-révolutionnaires. « Le milliard d'indemnité livré aux émigrés, la loi » du sacrilége, la loi sur les communautés reli- » gieuses, l'élaboration d'un système qui repla- » çait la propriété sur ces deux grandes et fortes » bases de la féodalité : le droit d'aînesse et le » droit de substitution ; tout cela formait un en- » semble de mesures dont on a pu contester l'à- » propos et flétrir le caractère, mais dont il est » impossible de nier l'éclat et l'audace (1). »

(1) M. Louis Blanc, *Histoire de dix ans.*

L'avènement de Charles X n'avait fait qu'ajouter à la tranquillité apparente des esprits et aux espérances des royalistes. D'Argenson, pendant une partie de ce règne, vécut éloigné des affaires politiques. Cependant il rentra à la Chambre au mois d'avril 1828. Dupont de l'Eure, ayant été élu par le premier collége de Paris ainsi que par ceux de Pont-Audemer et de Bernay, opta pour ce dernier; et les électeurs de Pont-Audemer conférèrent leur mandat à l'ancien député du Haut-Rhin. Le ministère Martignac venait d'être constitué ; les colères ultrà-royalistes paraissaient amorties et, par suite, les adversaires du Gouvernement semblaient s'être beaucoup relâchés de leur animadversion et de leur véhémence. Le pouvoir royal et le pouvoir électif semblaient réunis sous l'influence conciliatrice du premier ministre, dans une étroite communauté d'intérêts et de sentimens ; on se croyait arrivé au terme des révolutions ; mais ce rêve, car c'en était un, devait être de courte durée.

D'Argenson ne se laissa point séduire par des apparences trompeuses et de chimériques espérances. Mais à peine eut-il le temps de lancer dans la discussion quelques-unes de ces paroles imprévues, propres à troubler une quiétude décevante, qu'il se vit frappé dans ses affections les plus chères. Madame d'Argenson, plus âgée que lui de plusieurs années, mourut vers la fin de 1828. La douleur qu'il ressentit de cette perte, la confusion d'affaires dans laquelle il se trouva jeté, les soins que réclamaient ses intérêts domestiques, toutes ces circonstances coïncidant avec la marche que paraissaient prendre pour longtemps les affaires politiques, contribuèrent à l'éloigner de ses devoirs de député. Au mois de juillet 1829, il donna sa démission de membre de la Chambre. Le même jour, fut déposée sur le bureau celle de M. de Chauvelin, conçue presque en des termes identiques. La retraite simultanée de deux hommes aussi marquans, et dont la carrière avait eu jusques-là de grandes analogies, occasionna une sensation pénible et donna lieu dans les journaux à divers commentaires. Il est intéressant de connaître comment M. d'Argenson justifia de son côté cette démarche, et rien ne révèle mieux son caractère que l'explication qu'il en donnait plus tard aux électeurs de la Vienne, dans une lettre postérieure de quelques semaines à la Révolution de juillet :

« On lit dans les mémoires sur la révolution

» d'Angleterre (1) : le langage de l'assemblée à » l'égard du roi, fut toujours renfermé dans les » termes de la plus humble soumission, telle » qu'elle doit être exprimée envers les bons » princes, et je crains bien que ceux qui en » agirent ainsi n'aient à répondre un jour d'un » tel acte de flatterie, *qui fut un sujet de scandale* » *pour beaucoup de gens.* » C'était donc à lui-même qu'il faisait l'application de cette pensée de scandale; et c'était parce qu'il ne pouvait façonner sa parole, ni même habituer son oreille à ce langage menteur et affecté, qu'il se hâtait d'en fuir l'audition et d'en répudier la formule.

Mais la démission de d'Argenson précéda de peu de jours seulement l'entrée de M. de Polignac aux affaires (8 août 1829). Dès l'installation du nouveau ministère, la disposition des esprits changea complètement. L'antagonisme entre la Chambre et la royauté reparut d'une manière plus tranchée que durant toutes les luttes antérieures; c'est ce que déclarait la Chambre elle-même, lorsqu'elle dit au roi, dans l'adresse à laquelle adhérèrent 221 de ses membres : « La

(1) *Mémoires de Mistriss Hutchinson*, collection de M. Guizot.

» Charte a fait, du concours permanent des vues » politiques de votre gouvernement avec les » vœux de votre peuple, la condition indispen- » sable de la marche régulière des affaires poli- » tiques; notre loyauté, notre dévouement nous » condamnent à vous dire que ce concours » n'existe pas. »

La Chambre fut prorogée, puis dissoute le 16 mai. Il devenait évident que la Cour méditait un nouveau 18 brumaire. Des associations se formèrent pour le refus de l'impôt, en même temps que des comités électoraux s'organisaient à Paris. La nouvelle de la conquête d'Alger, arrivée sur ces entrefaites, fit éclater l'enthousiasme des courtisans, mais fut impuissante pour calmer l'irritation et le mécontentement général. Tout se réunissait pour aggraver la situation : la dissolution de la Chambre, les menées des partis dans les élections nouvelles, les incendies dans les campagnes, les allures triomphantes de la Cour, les haines profondes de la bourgeoisie blessée par les priviléges et les avantages exclusifs accordés à la noblesse, et surtout les instincts puissans du peuple qui haïssait les jésuites, et attribuait à la complaisance des Bourbons pour le clergé tous les malheurs et toutes les humiliations de la France. Ce fut en de telles circonstances que la royauté résolut de tenter un coup d'état, et de briser les résistances légales que rencontraient ses projets rétrogrades ; le 26 juillet les ordonnances parurent dans le *Moniteur*.

Trois jours après, les Bourbons reprenaient le chemin de l'exil. Lorsque la nouvelle de la Révolution de Juillet arriva dans les départemens, d'Argenson était à ses forges d'Oberbruck, occupé d'affaires entièrement étrangères à la politique. Une députation lui fut adressée, afin de l'engager à présider à la réinstallation des couleurs nationales dans la ville de Béfort, le 4 août 1830. Fier de cet honneur, qui lui rappelait de combien peu il s'en était fallu que cet évènement n'eût été devancé en ces mêmes lieux, de près de dix années, il se rendit encore une fois à Béfort, au milieu des acclamations des populations alsaciennes.

A Paris, le peuple avait vaincu ; mais ces héros du lendemain qui ne firent jamais faute aux révolutions, s'attribuaient déjà les bénéfices d'un triomphe qui parut n'avoir été remporté que pour eux seuls. Cette conduite était bien antipathique au caractère intègre et loyal de d'Argenson. Aussi n'eut-il pas même la pensée que la révolution de juillet dût avoir cet unique résultat. Lorsque tant d'autres aspiraient à détourner de son but une commotion toute populaire, lui ne songea qu'à ce peuple qui, après avoir si vaillamment combattu, s'était montré si généreux, si oublieux de soi-même après la victoire.

Bien que d'Argenson eût près de soixante ans, et qu'une première fois il eût volontairement renoncé aux agitations de la vie publique, cette révolution qu'il avait depuis longtemps pressentie, pour laquelle naguère il avait fait tant de sacrifices, émut profondément toutes les fibres de son âme. Il n'attendit pas son retour à Paris pour émettre sa pensée sur les conséquences qu'on en devait tirer, mais il les énonça immédiatement dans une brochure datée de Béfort.

Cet opuscule était empreint de son ardent amour de l'humanité. Pour ce peuple qui avait toutes ses sympathies et toute sa sollicitude, il acceptait avidement l'espoir, jusqu'alors si souvent trompé, d'une condition plus prospère et plus équitable. Il demandait que l'on avisât sur-le-champ au soulagement des classes pauvres et laborieuses, et à l'abaissement, si ce n'est à l'abolition totale, des taxes onéreuses qui pèsent spécialement sur elles. Dans les élans de sa bonne foi et de sa simplicité naïve, il pensait qu'une révolution faite par le peuple, l'avait été avant tout pour le peuple, et ne se doutait pas qu'après avoir coûté tant d'efforts, elle dût prendre sitôt les mesquines proportions d'une guerre aux places, d'une course aux appointemens, d'une lutte d'ambitions personnelles.

La brochure de d'Argenson fut à peine connue. Elle avait été envoyée à la plupart des journaux de Paris, mais *La Tribune* seule la reproduisit; encore ne fut-ce que d'une manière incomplète.

La Chambre des députés avait adhéré en majeure partie au changement de règne; aussi ne pouvait-il être question pour le moment de la dissoudre. Cependant il fallait suppléer aux vacances provenues des refus de serment. D'Argenson, sans avoir eu besoin de faire aucune démarche, ni même de se rendre auprès des électeurs, fut nommé presque à l'unanimité par le collége de Châtellerault, en remplacement de M. Creuzé, membre démissionnaire et ancien maire de cette ville, en 1818.

Le 3 novembre 1830, son entrée à la Chambre fut marquée par une scène des plus vives. Fidèle aux scrupules qu'il avait déjà plusieurs fois manifestés sur le serment, d'Argenson ajouta, en jurant fidélité à la Charte, ces mots : *sauf les pro-*

grès de la raison publique. Cette protestation contre l'infaillibilité des législatures constituantes, souleva un véritable orage. Plusieurs députés, notamment M. Dupin, s'opposèrent à une introduction ainsi formulée, et d'Argenson ne fut admis qu'après une hésitation prolongée.

Suivant ses idées, cette restriction apportée à la formule du serment était parfaitement logique. La Charte, n'étant plus une charte *octroyée,* devenait sujette à révision, et, puisqu'on reconnaissait le principe de la souveraineté populaire, celle-ci devait demeurer maîtresse de modifier à son gré le pacte qu'elle avait consenti. Au surplus, d'Argenson ne fut pas le seul qui s'éleva à cette époque contre la formule du serment politique. A la Chambre des pairs, M. de Dreux-Brézé, mu sans doute par des principes bien différens, ajouta : « Je le jure, parce que, dans l'état actuel » des choses, c'est le seul moyen de contribuer » au salut de la patrie, » et ce commentaire fut admis. Un grand nombre d'autres voix se sont élevées à diverses reprises dans le même sens ; et les évènemens ont pris soin de les justifier, en démontrant que l'homme de bien qui ne veut pas renoncer à servir son pays, doit se résigner à fausser plus d'une fois son serment, à moins d'imiter les scrupules de d'Argenson, scrupules que beaucoup considèrent comme puérils et exagérés, mais qui assurément, ne pouvaient partir que d'un cœur droit et d'une âme pure.

D'Argenson, qui avait repoussé avec tant d'énergie les extravagances réactionnaires de la noblesse sous la Restauration, ne pouvait pardonner les mêmes erreurs, les mêmes injustices, le même égoïsme, à la bourgeoisie triomphante sous le nouveau régime.

Ce qu'il lui passait moins encore, c'était le scandaleux oubli des classes populaires, auxquelles elle devait son élévation. Aussi jugea-t-il dès lors que, si l'on voulait faire quelque chose pour le peuple, c'était à lui seul qu'il fallait avoir recours, en laissant de côté des intermédiaires par lesquels ses intérêts étaient si mal servis. Quelques discours qu'il prononça comme député de la Vienne, portent visiblement l'empreinte de ces sentimens. A peine chercha-t-il à les développer, et pourtant ils furent merveilleusement compris de ceux auxquels s'adressait sa désapprobation. Mais diverses circonstances, qui se rattachaient à sa mission de député, contribuèrent à les mettre plus encore en évidence. On lui reprocha de n'avoir pas voulu présenter à la cour la députation des gardes nationales de son arrondissement. Dans la grande curée des places, qui était l'affaire capitale du jour, il se refusa, plus d'une fois, à donner de confiance sa recommandation avec celle de ses collègues. Il fit encore pis; à diverses reprises il agit en sens inverse, et usa de son crédit personnel, afin d'obtenir le maintien de certains fonctionnaires auxquels on ne faisait aucun reproche sérieux, mais que l'on songeait à déplacer pour leur substituer quelques créatures. Il y a des blessures d'amour-propre qui sont d'autant plus sensibles qu'on n'oserait ouvertement en alléguer la cause. C'est ce que d'Argenson ne tarda pas à reconnaître, chez ceux-là mêmes qui s'étaient hâtés de l'élire quelques mois auparavant.

Le ministère Laffitte avait fait place à celui de Casimir Périer. La session fut close le 20 avril, et la chambre dissoute le 3 mai 1831. D'Argenson se rendit en personne dans l'arrondissement de Châtellerault; présent cette fois au scrutin, il n'y obtint que *deux voix*. Dans ce même département qui s'était énorgueilli si long-temps de sa réputation d'honneur et d'intégrité, qui le considérait comme l'un de ses plus illustres citoyens, il se vit tout-à-coup délaissé, comme s'il eût trahi ses devoirs. Et pourtant, son seul tort était d'avoir persévéré dans une ligne de conduite qui lui avait valu l'estime générale, et surtout l'approbation de sa propre conscience.

Heureusement, le département du Bas-Rhin se chargea de réparer cette injustice. Lafayette, élu à Strasbourg et à Meaux, avait opté pour ce dernier arrondissement. Les électeurs de Strasbourg ne crurent pouvoir donner à l'illustre vieillard un suppléant plus digne que d'Argenson. Les concurrens de celui-ci étaient M. de Golbéry, et le général Bachelu qui se retira devant sa candidature.

« Le voilà donc, dit le biographe que nous avons
» souvent cité, lancé de nouveau dans l'arène
» législative, pendant le cours d'un mandat qui
» devait être le dernier, et qui dura trois sessions.
» Epoque fatigante, hasardeuse même sous plus
» d'un rapport. L'âge avait muri sa tête grison-
» nante; un mal qui devait l'emporter plus tard,
» (une strangurie chronique), lui faisait ressentir
» ses cruels effets. Bien des chagrins et des dé-
» goûts auraient pu ébranler, sinon sa conviction,
» au moins sa confiance. Eh bien, jamais sa con-
» duite ne parut, à un tel point, marquée au coin
» de la jeunesse et de la verdeur. Jamais sa pa-

» role ne fut plus vive, son attitude plus ferme, » son action plus solennelle, sa foi pleine de plus » de vigueur et de pertinacité. Rejetant au loin » des alliances surannées et des formes trop usées » pour produire quelque illusion, abandonnant » les tièdes breuvages et les oripeaux salis de la » Restauration, réprouvant surtout ces locutions » captieuses et à double entente qui plaisent aux » cœurs secs et aux esprits étroits, le voilà na- » geant en pleine démocratie et en pleine jeunesse. » Plus celle-ci se montre impressionnable et fran- » che, et plus elle a droit à son estime. Il lui » servira de conseil, de modérateur et de guide; » qui sait! peut-être quelquefois d'émule et de » devancier. »

Le ministère de Casimir Périer se signalait par un retour aux mesures acerbes et violentes; et les mêmes hommes qui, dans les rangs de l'opposition, avaient le plus vivement combattu les lois d'exception, en provoquaient le rétablissement depuis qu'ils étaient parvenus au pouvoir. D'autres, parmi ceux qui avaient contribué au nouvel ordre de choses, inquiets de cette marche rétrograde, ne cachaient point leur répugnance et leur déconvenue.

Benjamin Constant était mort à la fin de 1830,

dans la douleur et l'accablement. Lafayette, ne regrettant guère moins son ouvrage, faisait un vain appel à des promesses incertaines et contestées, plaidant avec ardeur la cause de l'Italie et de la Pologne délaissées, s'épuisant à ressaisir cette popularité dont il avait toujours été si jaloux, et qu'il sentait lui échapper sur la fin de sa carrière. MM. Laffitte, Odilon-Barrot, Mauguin, Dupont de l'Eure, en se séparant du pouvoir qu'ils avaient aidé à constituer, se rejetaient dans une opposition formaliste et contenue, pareille à celle qui avait combattu la Restauration, opposition parfois incommode au pouvoir, mais qui ne l'empêche pas d'avancer. En dehors de la Chambre, le parti républicain se manifestait dans les sociétés populaires. Mais si, parmi les hommes antérieurs à juillet, plusieurs se firent ouvertement démocrates, il y en eut deux surtout qui n'hésitèrent point à le déclarer en pleine tribune : ce furent Voyer-d'Argenson et Audry de Puyraveau.

Parmi les sociétés populaires d'alors, celle dont les doctrines furent les plus nettes et les plus tranchées, et dont, par suite, l'influence dut être la plus puissante, a été la *Société des droits de l'homme et du citoyen*, destinée non seulement à prévenir le retour des Bourbons de la branche aînée, mais à s'opposer vigoureusement aux mesures contre-révolutionnaires, quels qu'en fussent les prétextes ou les promoteurs. Non seulement d'Argenson prit rang dans cette association ; mais il en occupa les hautes dignités et concourut à la plupart de ses travaux. Peut-être n'approuvait-il pas indifféremment toutes les publications qui en émanèrent, mais dont aucune, tant qu'il partagea la direction de la société, ne fut condamnée, ni même sérieusement poursuivie. Mais s'il tint à honneur d'en avoir fait partie, ce fut parce que là plus qu'ailleurs, ses idées, ses désirs, ses rêves même trouvaient de l'écho et de la sympathie ; c'est qu'il y était écouté, considéré, compris, et que ni l'indifférence, ni la répulsion n'accueillaient ses opinions, ses vœux et ses théories. Quelles furent donc les doctrines auxquelles il attachait plus spécialement ses espérances, celles qu'il eût souhaité voir prévaloir, et pour le succès desquelles aucun genre d'effort ne lui paraissait superflu, aucun sacrifice ne pouvait lui répugner ?

« A cette question, la réponse est bien simple, » car elle se résume en un mot : l'*égalité*. Telle

» était chez lui la pensée mère, d'où dérivèrent » toutes les autres.

» Après tout, qu'y a-t-il de choquant et d'ab» surde, nous dirons même de neuf, dans cette » pensée philosophique ? Que serait la justice, si » elle ne devait tenir la balance égale entre tous » les humains ? Quelles seraient la destination et » l'utilité de toute loi rationnelle, sinon de remé» dier à la préférence des favorisés, à l'humilia» tion des déchus, de protéger le petit contre le » grand, le faible contre le fort, le pauvre con» tre le riche ? Quel régime, fût-ce le plus absolu, » quel gouvernement, fût-ce le plus arbitraire, » qui n'affiche cette prétention et ne se recon» naisse ce devoir ?

» Eh bien ! faudrait-il être surpris de ce qu'un » homme d'honneur et de conscience se fût pro» posé franchement de suivre le sens vrai d'un » langage universel, parce qu'il est celui de la » raison ? Faudrait-il s'étonner qu'il aperçût le » devoir là où chacun reconnaît le droit et le juste, » qui n'admettent point d'intermédiaire ni de tiers» parti ? Déclarer une guerre irréconciliable aux » désordres qu'enfante l'abus de la force, vouloir » ramener par tous les moyens, — à commencer » par la persuasion et la pitié, jusqu'à d'autres

» plus pressans et plus énergiques, quand on les » possède ou qu'on peut y atteindre, — à cette » loi primitive du christianisme, ou plutôt à cette » loi antérieure qui est celle de l'humanité, à la » loi fraternelle, sont-ce là des crimes? Dites au » moins que la culpabilité ne gît point dans l'in- » tention qu'on en conçoit, mais dans le plus ou » moins de conformité entre l'action et le lan- » gage.

» Quant aux objections sans nombre soulevées » au profit de ce qui existe, il y aurait bien plutôt » lieu de s'étonner si la puissance manquait de » prôneurs, la fortune d'idolâtres, si beaucoup ne » s'empressaient de voler au secours de l'argent » et du crédit. Il faut convenir, pour ce qui est » de ce genre de difficultés, de celles qui naissent » du raisonnement au profit de l'abus, que non- » seulement d'Argenson ne les conçut pas, mais » qu'il ne voulait pas même les entendre, une voix » intime lui disant qu'il ne saurait y avoir de droit » contre le droit, de morale au profit de l'immo- » ralité, de prescription en faveur de la violence.

» Aussi par ces semblans de raison, par ces » fantômes de devoirs, par ces reflets trompeurs » de la lumière, ne fût-il jamais circonvenu, ni » ébloui, ni détourné de sa route. Il ne vit et ne

» voulut voir rien à côté de la vérité que l'erreur,
» rien contre ce qui est légitime que l'usurpation,
» rien contre le droit que l'injustice.

» Quant au mode de réparation, celui qu'il con-
» cevait était bien simple ; et jamais il n'en com-
» prit nettement aucun autre. Il se réduisait à un
» aphorisme unique, la *restitution*. Peu confiant
» en des promesses abusives ou entachées de res-
» trictions, *son intelligence étroite et sa cervelle*
» *endurcie* se refusaient à imaginer des compen-
» sations timides, à admettre des moyens termes
» et des expédiens, à se prêter à des combinai-
» sons incertaines et indéfinies.

» C'est pourquoi il avait l'habitude de dire que,
» là où est la racine du mal il faudrait la trancher,
» là où est le monopole il faudrait l'abattre ; là où
» est le superflu il faudrait s'en saisir, afin de
» répartir l'excédant et de le subdiviser..... Ses
» idées en sont demeurées là.... Après tout, elles
» étaient conformes à celles de ses devanciers,
» des philosophes anciens, des socialistes mo-
» dernes, des économistes de l'Assemblée cons-
» tituante et de la Convention nationale, qui
» n'eurent pas d'autre pensée que celle de répar-
» tir aussi équitablement que possible les droits
» civils et politiques, en y comprenant ceux de

» la propriété. Il faut convenir que, de ce qui » a été fait en ce sens, la France ne s'est pas » mal trouvée jusqu'à ce jour. »

Sans doute, d'Argenson ne pouvait avoir la prétention de refaire le monde, et de reconstituer la société sur de nouvelles bases; mais il voulait au moins, et c'est ce qui ressort de ses discours de tribune, ainsi que des opinions qu'il publia dans les derniers jours de sa vie politique, éclairer la route qu'il aurait voulu voir adopter, et surtout combattre les actes qui, sous prétexte de réformer des erreurs, tendraient à en amener de plus funestes.

C'est dans cet ordre d'idées qu'à l'occasion des lois de finances, il proposa plusieurs fois (les 18 janvier et 12 avril 1831), de remplacer le mode actuel des impositions qui, en ménageant les grandes fortunes, devient écrasant pour les classes pauvres, par une taxe unique (analogue à l'*income tax* en Angleterre), proportionnée au revenu réel de chacun, et même *progressive*, c'est-à-dire devant s'accroître de degré en degré, suivant la classification des fortunes. Il demandait aussi qu'afin de combler le déficit des finances, on fît rentrer dans le domaine de l'Etat toutes les portions du territoire qui n'avaient pu être définitivement aliénées ou engagées, telles que les mines, les carrières, les gisemens de toute nature, et même les chutes et les cours d'eau, toutes choses considérées comme appartenant au public, et dont la nation pourrait retirer un produit incalculable.

D'autres fois, il défendait encore la cause de l'indigence, soit à l'occasion de la loi sur le commerce des blés, soit à propos des tarifs sur l'entrée des fers étrangers, lois qui ont pour résultat, l'une d'élever le prix du pain, l'autre de hausser la valeur du bois de chauffage. Il disait qu'il n'existe point de *fermage nécessaire*; autrement que l'État ne doit à aucune classe de citoyens la garantie d'un revenu invariable, à l'abri de toutes les chances, et indépendant de tout travail personnel.

Lorsque M. d'Argout, ministre du commerce et des travaux publics, vint demander à la Chambre des crédits temporaires pour des travaux d'utilité générale, M. d'Argenson proposa qu'il fût fait une enquête sur les causes de la misère et sur le nombre des ouvriers sans emploi, et réclama un mode stable de rétribution, fondé sur le travail offert et sur les secours alloués à l'indigence. Et, comme le ministre lui reprochait de vouloir l'établissement d'une véritable *taxe des pauvres*. « Vous pourrez, répondit d'Argenson, » médire de ce mot, quand vous apporterez un » remède qui présente moins d'inconvéniens, et » surtout moins d'insuffisance. »

Le milieu de l'année 1832 fut une des époques les plus calamiteuses que nous ayons traversées, depuis la révolution de Juillet. La Pologne expirait abandonnée, l'insurrection ensanglantait les rues de Lyon, la guerre civile éclatait dans la Vendée, le parti républicain s'agitait à Paris, le choléra exerçait partout ses ravages : au milieu de tant de causes de troubles, le gouvernement incertain dans sa marche, se cramponnait à toutes les branches de salut; mais, au lieu de satisfaire l'opinion, il n'imaginait d'autre ressource, afin de regagner quelque stabilité, que celle d'user plus que jamais des moyens d'intimidation et de violence. C'est alors que l'opposition tout entière, ralliant jusqu'à ses nuances les plus modérées, crut devoir, dans un appel à la nation, manifester sa désapprobation contre un système auquel elle attribuait ces effets déplorables. Tels furent les motifs de la célèbre déclaration du 28 mai 1832, qui reçut le nom de *Compte-rendu de l'Opposition*. Elle fut revêtue des signatures de cent trente-six députés. Parmi les signataires devait naturellement se trouver d'Argenson; et pourtant il ne crut devoir donner son adhésion, que moyennant des explications conformes à ses sentimens de commisération pour le sort du peuple, sentimens partagés assurément par la plupart de ses collègues, mais qu'il ne trouvait pas exprimés d'une manière assez claire ni assez formelle. La *Tribune* du 21 juin contient une lettre remarquable qu'il écrivait à ce sujet, et de laquelle nous extrayons les lignes qui suivent :

« Au Rédacteur de *la Tribune*.

» Monsieur,

» Les protestations consignées par ceux de
» mes honorables collègues avec lesquels je vote
» habituellement, dans l'écrit collectif du 28 mai
» et dans plusieurs lettres particulières, sont gé-
» néralement conformes à mes doctrines politi-
» ques; et ce n'est pas au moment où le Gou-
» vernement, usurpant le pouvoir arbitraire,
» prive les citoyens de toutes les garanties judi-
» ciaires en les soustrayant à leurs juges natu-

» rels (1), que je pourrais hésiter à unir ma fai-
» ble voix aux voix généreuses qui nous ont
» donné le signal. Cependant, je n'adhère pas
» d'une foi implicite aux expressions de la pro-
» testation collective du 28 mai, relatives aux
» charges publiques. Non, monsieur, ce n'est
» pas *une meilleure assiette de certains impôts*,
» un mode *de recouvrement moins tracassier*, que
» j'appellerai la *dot du peuple* dans la Révolution
» de Juillet. C'est de bien autre chose qu'il s'agit;
» c'est la condition des classes laborieuses toute
» entière qui doit être changée et puissamment
» améliorée. La loi de l'impôt, par de vastes et
» salutaires innovations, principalement dans le
» choix de la matière imposable, peut faire beau-
» coup pour atteindre ce grand but. Mais ce n'est
» pas à elle seule, c'est à la législation dans son
» ensemble à le poursuivre sans relâche; et,
» pour ceux qui se donnent la peine d'y regarder,
» il n'y a peut-être pas une seule disposition
» de nos lois civiles, pénales, administratives,
» fiscales ou judiciaires, qui ne tende à sacrifier
» la pauvreté à la richesse, et à accroître l'inéga-

(1) Paris venait d'être mis en état de siége, à la suite des affaires des 5 et 6 juin.

» lité des conditions sociales. Il est temps que les » amis de l'ordre, de la justice et de la paix pu- » blique y songent sérieusement. »

D'Argenson, avec Audry de Puyraveau et les autres membres du comité central, adhéra au manifeste répandu, au mois d'octobre 1833, par la *Société des droits de l'homme.* Ce manifeste contenait la reproduction de la fameuse déclaration des droits, proposée quarante années auparavant à la Convention nationale, par Maximilien Robespierre. En s'y réunissant, d'Argenson eut soin de faire connaître que ce qu'il approuvait surtout dans cette pièce remarquable, c'est que, plus expressément qu'en tout autre document de même nature, on y proclame les droits du travail, les obligations de la propriété, et les devoirs que la société doit remplir uniformément envers tous ses membres. « Eussions-nous trouvé » mieux, disait-il dans une lettre publiée le » 29 octobre, nous l'eussions répandu et mis au » jour; mais la rédaction, telle qu'elle est, nous » a paru bonne et utile à reproduire. Aussi, l'a- » vons-nous adoptée, abstraction faite du nom » de son auteur. Qu'importent le titre et le » préambule, si les principes sont vrais en eux- » mêmes? »

Voici en effet quelques-uns des articles de cette déclaration, et ceux qui s'accordaient plus spécialement avec ses sentimens personnels :

« Art. 6. La propriété est le droit qu'a chaque » citoyen de jouir, et de disposer *à son gré de la » portion de biens qui lui est garantie par la loi.* — Art. 10. La société est obligée de *pourvoir à » l'existence de tous ses membres*, soit en leur pro- » curant du travail, soit en assurant des moyens » d'existence à ceux qui sont hors d'état de tra- » vailler, — Art. 11. Les secours indispensables » à celui qui manque du nécessaire sont une » dette de celui qui possède le superflu. — » Art. 12. Les citoyens dont les ressources n'ex- » cèdent pas ce qui est nécessaire à l'existence, » sont dispensés de concourir aux charges pu- » bliques ; les autres doivent les *supporter pro- » gressivement, suivant l'étendue de leur fortune*, » etc.

On doit supposer, sans qu'il soit besoin de le dire, combien une démarche aussi prononcée dut attirer à d'Argenson d'inimitiés et de reproches. Il fut désapprouvé par tous ses collègues de la Chambre, même par ceux dont les opinions avaient le plus d'analogie avec les siennes. En revanche, les hommes du parti populaire se félicitèrent de le posséder dans leurs rangs. Il en est un parmi ceux-ci, que nous ne pouvons passer sous silence, soit à cause de la célébrité dont il a joui lui-même, soit en raison de l'amitié qui l'unissait à d'Argenson.

Homonyme de Michel-Ange, et descendu d'une des premières familles de la Toscane, Buonarotti avait embrassé avec enthousiasme, dès sa jeunesse, les principes de la Révolution ; et, quittant sa patrie, il était venu chercher en France la terre de la liberté. La Convention nationale lui avait conféré le titre de citoyen français et l'avait chargé de plusieurs missions importantes. Fidèle aux doctrines démocratiques qu'il avait conçues dans toute leur extension et leur rigidité, il s'engagea, après la chute de Robespierre, dans la conspiration de Babeuf, et fut condamné à une détention perpétuelle, qu'il échangea plus tard contre la relégation et l'exil. Après une longue suite d'années passées dans la persécution et la misère, sans que jamais la vivacité de ses sentimens se fût affaiblie, il revint à Paris où d'Argenson le connut infirme et septuagénaire, réduit pour vivre à donner des leçons de musique, que ses souffrances le forcèrent même d'interrompre. Indigent et fier, il accepta de d'Argenson l'hospitalité qu'il eût refusée de tout autre ; et dès-lors, une étroite amitié s'établit entre ces deux hommes si bien faits pour se comprendre et pour s'estimer. Cette liaison ne cessa qu'avec la mort de Buonarotti, arrivée le 16 septembre 1837, dans l'asile que d'Argenson lui avait procuré.

Il ne faudrait pas croire pourtant que, partisan des principes d'égalité absolue, mais aussi de libre arbitre et d'individualisme, d'Argenson soit jamais arrivé jusqu'au communisme de Babeuf et de ses imitateurs. Chez lui, cette distinction fut au contraire nettement posée, et l'on retrouverait plus d'une fois, dans les publications des saint-simonistes d'alors, l'expression de ce regret: « Comment se fait-il que vous qui êtes certaine-» ment, de toute la Chambre, celui dont les opi-» nions se rapprochent le plus des nôtres, vous » refusiez cependant d'y adhérer ? »

Après quelques mois d'existence, la Société des droits de l'homme fut attaquée dans la personne des membres de son comité. D'Argenson, qui avait cessé d'en faire partie, ne fut pas compris dans les poursuites ; mais il ne tarda pas à devenir lui-même l'objet d'une autre accusation, qui ne s'arrêta point devant son mandat de député.

Une brochure de quelques pages, intitulée : *Boutade d'un riche à sentimens populaires*, venait d'être publiée, et presque aussitôt saisie. Les imprimeurs, MM. Teste et Mie avaient été mis en prévention pour l'avoir fait paraître; mais aussitôt d'Argenson s'en reconnut l'auteur, à la réserve du titre seul qu'il déclarait ne pas lui appartenir.

Ce pamphlet, remarquable par une vigoureuse profondeur de pensées jointe à une grande véhémence de style, se fondait sur ces deux principes : 1° que toute richesse provient du travail de l'homme; 2° que l'esprit d'appropriation est insatiable, et ne s'arrête aux limites de la justice qu'autant qu'il rencontre une force contraire qui l'y retienne.

Dans ce plaidoyer en faveur de la sainteté du travail, et de la légitimité d'une rétribution suffisante et proportionnée, contre les exigences du capitaliste ou du propriétaire foncier, on voulut voir l'apologie des émeutes d'ouvriers qui venaient d'avoir lieu à Anzin, à Lyon, à Saint-Étienne; et l'auteur fut traduit devant la Cour d'assises de la Seine.

D'Argenson comparut en présence du jury,

assisté de Me Michel, de Bourges. Après le réquisitoire de M. l'avocat-général Berville, il prit lui-même la parole et, dans un discours grave et mesuré, rempli d'enseignemens et prononcé avec calme et dignité, il donna à sa pensée le plus large développement. Nous voudrions pouvoir rapporter ce discours en entier ; mais les limites de notre cadre nous forcent à en extraire seulement quelques fragmens, propres à jeter du jour sur les idées de l'homme dont nous racontons la vie :

« Toute richesse, disait-il, vient du travail ; » et cependant, par une conséquence incompréhensible, depuis que cette vérité a été portée au plus haut degré d'évidence, c'est, dans » le mécanisme de nos pouvoirs politiques, le » travail seul qui n'est pas représenté. Car personne n'ignore que la première et à peu près » la seule condition requise pour exercer les » droits politiques du premier degré, c'est d'être » oisif.

» Toute richesse vient du travail ; et cependant cette propriété, la plus sacrée de toutes, » n'est en quelque sorte considérée que comme » un domaine public, dans lequel chacun puise à » sa discrétion, non en raison de ce qu'il y ap-

» porte, mais en proportion de sa part de pouvoir
» ou de capitaux.

» Nous avons tous lu, dans le *Moniteur*, bien
» des débats législatifs et des ordonnances........
» Avez-vous jamais vu, Messieurs les Jurés, la
» pensée politique se fixer un seul instant sur la
» nécessité de rétribuer le travail conformément
» à la justice?.....

» Si l'on me demande, maintenant, d'où pro-
» vient cette vive sollicitude que montre notre
» législation pour les intérêts de la classe qui
» possède, et cet oubli total de ce qui est dû à
» celle qui travaille, je répondrai que c'est parce
» qu'il est dans la nature de l'homme de s'appro-
» prier tout ce qu'il peut atteindre, et de ne s'ar-
» rêter que devant une force égale à la sienne.
» Cette force égale, dans la question qui nous oc-
» cupe, c'est le droit de suffrage.

» Attendre de la classe qui le possède aujour-
» d'hui exclusivement, et qui l'exploite si utile-
» ment pour ses intérêts privés, qu'elle le par-
» tage avec celle aux dépens de qui elle l'exerce;
» c'est, Messieurs les Jurés, se bercer de chimè-
» res. J'ai long-temps eu la faiblesse d'y croire;
» et dans ma modeste carrière politique, je ne

» me suis pas fait faute d'observations et de re-
» montrances à ce sujet.....

» Tout le fruit que j'en ai recueilli, ça été d'être
» traité de brouillon, de factieux, de visionnaire;
» et aujourd'hui que, las de parler à des sourds,
» je ne fais que répéter les mêmes vérités, en les
» adressant à ceux qui ont le droit de les connaî-
» tre, on me qualifie de provocateur de désordres,
» et on me traduit en Cour d'assises.....

» Il n'est plus permis à personne de croire
» que le droit de suffrage puisse se restreindre
» au gré du bulletin des lois. Je crois qu'il n'y a
» d'institutions et de lois que celles qui sont vo-
» tées par tous, et, dès-lors, dans l'intérêt de
» tous. Je prévois avec confiance et satisfaction,
» toutes les conséquences de ce principe : c'est-
» à-dire une révision sociale, profonde, vaste,
» réparatrice, ayant pour base et pour but l'éga-
» lité. Et comme ce vœu, cette prévision, ne sont
» point une rêverie de mon imagination, comme
» ce n'est au contraire pour moi que le ré-
« sultat de convictions et de déductions morales,
» je considère comme un devoir de m'adjoindre
» d'intention et de fait, quand je le puis, aux ef-
» forts qui tendent à ce résultat, ainsi que de le
» provoquer précisément et selon les règles de

» la plus simple probité vulgaire ; comme je » provoquerais, au besoin, un père à chérir également tous ses enfans, un fils à respecter ses » parens, un citoyen à ne causer de préjudice à » personne.

» Vous dire, Messieurs les Jurés, que je crois » en cela accomplir un devoir, c'est vous dire » en même temps que je crois en avoir le droit ; » car, s'il est un droit incontestable, c'est bien » celui de faire son devoir. Cependant il faut re- » connaître que, bien souvent, le droit absolu » rencontre un ennemi formidable dans le droit » positif. Votre conscience libre de toute en- » trave peut, Messieurs les Jurés, apprécier » mon action selon les règles de l'un ou l'autre » de ces droits. Dans le cas où elle les trouverait » ici en contradiction, et s'il arrivait, après tout, » que, me jugeant coupable d'avoir transgressé » je ne sais quel droit positif, vous vinssiez à le » déclarer, je supporterais ma condamnation » sans murmurer. Non que j'aime l'éclat, ma vie » entière en dépose ; et je me trouve très-invo- » lontairement conduit à ce procès ; non que » j'ambitionne les honneurs d'une punition trop » supportable, quelle que soit sa durée, pour » s'appeler un martyr, mais tout simplement

» parce que je me suis, depuis long-temps, fami-
» liarisé avec les conséquences possibles de ma
» conduite politique; et parce que ce ne serait
» pas une médiocre consolation des privations
» que je pourrais avoir à endurer, que de les de-
» voir à mon zèle pour la cause de tant de mil-
» lions de citoyens, mes égaux, mes amis et mes
» frères, qui naissent, vivent et meurent sous le
» poids perpétuel et héréditaire de gênes et de
» privations bien autrement insupportables. »

A la suite de ce discours qui produisit une sensation profonde, et d'un plaidoyer chaleureux de Me Michel, de Bourges, d'Argenson fut acquitté par le jury.

A quelques jours de là, le 6 janvier 1834, une scène bien différente se passait à la Chambre des députés. Pendant la discussion du projet d'adresse, le général Bugeaud interpella certains membres de la gauche, les sommant de déclarer s'ils avaient fait partie de la Société des droits de l'homme, les accusant, en ce cas, d'avoir violé leur serment, et les menaçant d'être *jetés hors du camp* (ce furent ses expressions) si le fait était avéré.

Audry de Puyraveau et d'Argenson demandèrent en même temps la parole. Ce dernier, étant monté à la tribune, expliqua d'une voix ferme et nettement accentuée, et au milieu d'un religieux silence, les principes qui l'avaient toujours guidé. Sans vouloir rien nier ni déguiser, il développa ses théories républicaines, dans une profession de foi plus explicite qu'aucune de celles qui jusque là eussent été entendues dans l'enceinte législative. En voici quelques passages :

« Je ne prétends, Messieurs, me présenter, ni » dans cette Chambre, ni hors de cette Chambre, » comme l'organe d'un parti politique. Je suis ce » que j'ai été dans tout le cours de ma vie, l'homme » de ma conscience et de mes convictions. Investigateur zélé de la vérité, autant que les faibles » lumières de ma raison le comportent, convaincu » que ce que je crois juste et vrai, je dois con- » courir à le réaliser, toute ma foi politique, mo- » rale, et je pourrais presque dire religieuse, » peut s'exprimer par ce seul mot : *l'égalité.—But* » *prochain, égalité des droits politiques ; but final* » *et permanent, égalité des conditions sociales...*

» Une association qui s'est formée sous la dé- » nomination de Société des droits de l'homme » et du citoyen, a publié une déclaration des » droits, qu'elle a désignée sous le nom de Ro- » bespierre son auteur. Elle n'a vu dans ce nom,

» ni un *symbole complet*, ni un *symbole incomplet*.
» Elle n'a point recherché quels rapports pouvaient existet, entre ce nom et les faits de cette époque. Elle n'y a vu et cherché que la désignation d'une déclaration qu'elle livrait aux méditations d'un peuple, qui fut successivement proclamé le peuple souverain et la grande nation, et qui a prouvé en juillet 1830, qu'il n'a jamais cessé d'être l'un et l'autre.

» Et pourquoi, dit-on, cette prédilection pour ce document, à l'exclusion de toutes les autres déclarations de même sorte ? Pourquoi, Messieurs? C'est principalement, parce qu'en reconnaissant comme toutes les autres, le droit de propriété, *elle le définit*, et que celles-ci ne le définissent pas (1). »

Ainsi, la Société des droits de l'homme avait vu dans Robespierre, non pas l'homme de sang, mais le publiciste ; et, si elle avait fait choix de ses expressions mêmes, c'est parce que celles-ci donnent à la propriété une base philosophique et que, loin de la renverser, elles la consacrent en lui assignant des limites équitables.

(1) Voir ci-dessus, p. 128, les termes de cette déclaration, en ce qui concerne le droit de propriété.

Puis, appelé à s'expliquer sur la manière dont il comprenait le serment politique, d'Argenson continuait en ces termes : « On a parlé du ser-
» ment, et du devoir qu'il impose. Le premier de
» tous nos sermens n'est-il pas d'obéir à la sou-
» veraine volonté du peuple? Et la volonté du
» peuple n'est-elle pas variable, progressive,
» ainsi que la raison et la volonté d'une intelli-
» gence individuelle?

» Singulière volonté que celle qui se jurerait à
» elle-même de ne pas perfectionner ses institu-
» tions! Je rougis d'être obligé de répéter des vé-
» rités aussi triviales. La souveraineté du peuple
» est proclamée en 1830, et certes elle avait assez
» glorieusement agi pour mériter d'être ainsi lé-
» gitimée. Quelques députés, se disant les organes
» de cette souveraineté, font une Charte, s'en
» saisissent, et n'admettent parmi eux que des
» hommes disposés à répéter servilement la for-
» mule qu'ils ont dictée. Que dis-je? Ils n'accor-
» dent le droit de suffrage, (indépendamment d'un
» cens arbitrairement fixé) que sous la condition
» de réciter cette formule. Si bien que voilà une
» nation qui sera souveraine, mais dont chaque
» citoyen devra renoncer individuellement à sa
» part de souveraineté. En conscience, c'est par

» trop abuser des mots, et se jouer de la raison » publique..... C'est de l'égalité que nous vous » demandons ; ce ne sont pas des saturnales.....

» Messieurs, en dépit des rhéteurs et des so- » phistes politiques, le bon sens proclame à haute » voix qu'il faut subir la conséquence des prin- » cipes que l'on reconnaît. Les institutions poli- » tiques n'imposent d'obligations morales qu'à » deux conditions entre lesquelles il faut choisir : » à savoir qu'elles dérivent de la volonté de Dieu » qui fait les rois, lesquels octroyent les chartes, » ou de la volonté du peuple. Vous vous êtes pro- » noncés pour ce dernier système ; et les jour- » nées de juillet 1830, assistées de bons budgets, » ont fait à cet égard d'admirables conversions. » — Vous êtes souverains ; vous pourrez, quand » il vous plaira, perfectionner vos institutions. » Les sermens que plusieurs d'entre vous ont » prêtés, c'est à vous, à vous seuls qu'ils s'adres- » sent ; c'est envers vous seuls qu'ils engagent. » Examinez les perfectionnemens qui peuvent » vous être proposés ; que ceux qui les préfèrent » au régime actuel, le déclarent ouvertement ; et » quand la majorité du peuple s'y sera ralliée, il » y aura obligation morale pour tous de s'y sou- » mettre, sans préjudice du droit perpétuel, im-

» prescriptible, et qui appartient à chacun, de » proposer mieux.— Vous avez voulu ma profes» sion de foi, la voilà. »

Ce discours, écouté d'abord avec attention par la Chambre, fut suivi d'une rumeur prolongée, et l'orateur se vit assailli d'interpellations parties de divers points de la salle. Dans cette disposition des esprits, M. Barthe, alors garde des sceaux, monta à la tribune et répéta, en des termes plus graves et plus oratoires, les inculpations du général Bugeaud. Il traita même de *scandale* l'obstination de d'Argenson. Celui-ci voulant répondre de sa place, fut interrompu par les cris *à l'ordre*, partis du centre. Le garde des sceaux prétendait que l'orateur avait provoqué à la révolte, les citoyens exclus des droits politiques.

M. *d'Argenson :* Je n'ai pas dit un mot de cela. — (A l'ordre); — j'ai parlé de progrès...; — *les centres :* à l'ordre ! à l'ordre ! (*agitation inexprimable*).

M. *d'Argenson* monte à la tribune au milieu du tumulte. « Interpellé sur mon serment, j'ai dit » que je l'avais prêté à la souveraineté du peu» ple (*explosion de murmures aux centres*). »

M. *Roul* : Et au roi.

M. *d'Argenson*. « Sous la condition du principe » de la souveraineté du peuple.

» Je n'ai jamais provoqué de soulèvement; j'ai » dit qu'en présence de la souveraineté du peu- » ple, devant laquelle vous devez tous prosterner » vos fronts dans la poussière (*rires bruyans et » prolongés aux centres, applaudissemens aux » extrémités*); qu'en présence de cette souverai- » neté, chacun avait le droit de proposer au peu- » ple, sous l'empire des lois existantes, des amé- » liorations à ses institutions. Je l'ai dit, je le » répète. On me demande de m'expliquer davan- » tage. Eh bien ! qu'on saisisse la Chambre d'une » proposition expresse à cet égard, et je saurai » ce que j'aurai à faire. » (*Aux extrémités* : très-bien, très-bien; *silence au centre.*)

Audry de Puyraveau remplaça d'Argenson à la tribune, et ne fut pas moins ferme ni moins explicite. M. de Ludre, qui n'avait pas été attaqué, ne se crut pas dispensé de prendre la parole; et, seul de l'assemblée, il eut le courage de déclarer qu'il partageait entièrement les opinions de ses deux collègues.

Dans la même session (mars 1834), la loi contre les associations porta un coup fatal à la cause que d'Argenson avait constamment servie. A deux reprises différentes, il prit la parole dans cette discussion mémorable ; et, bien qu'une extinction de voix le privât presque entièrement de ses moyens oratoires, il repoussa de toutes ses forces cette loi destinée à renchérir sur les rigueurs du code pénal de l'Empire; loi dont les conséquences sont telles, que nous avons vu récemment M. le duc de Broglie, qui, comme premier ministre, fut l'un de ses promoteurs, protester énergiquement contre les applications qui s'en font journellement pour entraver l'exercice des libertés religieuses.

Telle fut la dernière part que d'Argenson prit aux débats parlementaires. La Chambre fut dissoute presque immédiatement, et aux élections générales qui suivirent, il porta la peine de sa franchise en se voyant privé de son mandat. Cet éloignement dura jusqu'à la fin de ses jours, quelles qu'aient été les tentatives isolées de quelques-uns de ses amis pour le rappeler à la Chambre.

« Depuis lors, on n'a plus retrouvé, sur la » sommité du dernier rang de gauche, cette phy- » sionomie sévère, mais digne, ce regard fixe, » souvent morose, cette âme ardente, mais con- » tenue, ce maintien négligé en apparence, mais

» strictement soigné dans sa rudesse même, en » un mot cette figure imposante qui, depuis » vingt années, semblait y avoir pris racine, » voyant passer devant elle plusieurs générations » politiques, et dominant, impassible, cette mer » aux flots toujours renouvelés. On y chercha » vainement ce personnage dont la présence était » là comme un signal permanent et nécessaire, » comme un épouvantail dont la crainte prévenait » ou retardait la gradation des abus, ou la lâcheté » des défections; cet homme dont l'éloquence, » sobre de mots, chaste de diction, mais féconde » en enseignemens et prodigue de pensées, se » faisait entendre de loin en loin dans les temps » de crise, comme pour frapper d'avertissemens » salutaires, non son auditoire seulement, mais » toute la France, non ses contemporains, mais » la postérité. »

Ici s'arrête sa carrière législative; ici l'on pourrait clore également sa carrière publique, si l'on ne le retrouvait, en 1835, assistant à titre de *conseil*, les nombreux prévenus traduits devant la Cour des pairs. D'Argenson ne pouvait refuser son concours à des hommes persécutés, dont il avait partagé, sinon les actes, du moins les principes, dont il concevait l'ardeur et estimait le courage. Aussi fut-il l'un des membres les plus assidus et les plus précieux de ce comité de défense, qui siégeait presque journellement, et dont la composition fut telle qu'il reçut le nom de *congrès républicain*. On sait les détails de ce célèbre procès. On n'ignore pas qu'à diverses reprises, les conseils des accusés furent eux-mêmes traduits devant la cour, et exposés aux mêmes rigueurs que ceux qu'ils étaient venus défendre. D'Argenson ne faillit point à son office. Il devint le patron et le guide de tous, se multipliant afin d'être utile, encourageant les faibles, calmant autant qu'il fut en lui les impatiences trop vives, les imprécations dangereuses, et les audaces imprudentes ; surtout appelant et instruisant les avocats, épluchant lui-même plusieurs des causes, et aplanissant les voies à la défense ; ne se refusant point à solliciter ou à intervenir auprès de quelques-uns des juges, et, après la prononciation de l'arrêt, portant aux condamnés, jusque dans leur prison, des consolations et des secours.

Dès lors, sa mission politique étant accomplie, il rentra dans la vie privée qui, pour un homme de son caractère, ne devait pas être moins pleine de labeurs. Le séjour bruyant des villes lui étant devenu pénible, il alla chercher le calme et la solitude dans une demeure éloignée de la capitale (1). Là, il créa bientôt une exploitation rurale conçue sur une vaste échelle, et se consacra désormais exclusivement aux travaux de l'agriculture, vers lesquels le portaient ses goûts simples, ses habitudes actives et ses études de prédilection.

« Ce fut ainsi, dit l'écrivain que nous avons
» souvent cité, qu'il passa les six dernières an-
» nées de sa vie; non pas seul, car il était cons-
» tamment environné d'un essaim de laboureurs,
» et d'un peuple de journaliers. Heureux! car
» l'ombre des grandeurs qu'il a dédaignées ne se
» projette point jusqu'à lui; car l'écho des débats
» où il s'est épuisé se perd dans l'épaisseur de ses
» taillis, et ne trouble pas le silence de ses vallées.
» L'ennui n'a point de prise sur lui; car jamais
» il ne s'abandonne à l'indolence ou au désœu-
» vrement. Levé long-temps avant le jour, il tra-
» vaille avec ses ouvriers, eux de leurs mains,
» lui de l'esprit qui les dirige; et ces journées
» qu'il leur rétribue largement, car il sait joindre
» l'exemple au précepte, il les a remplies autant

(1) La Grange (département de la Vienne), au milieu de la forêt de la Guerche.

» et plus qu'eux. Réalisant ses doctrines, ou si » on l'aime mieux, ses idéalités, il n'est point le » maître, il n'est que le gérant de la ferme qu'il » fait valoir. Chaque soir, il confère avec ses auxi- » liaires et ses préposés, sur les travaux du len- » demain, sur l'appropriation des cultures aux » accidens du sol, et aux variations du climat. Si, » après avoir entendu leur avis, sa décision su- » prême doit l'emporter, c'est qu'en effet cette » soumission est due à la supériorité incontestée » de son savoir et de son expérience. Il est le chef » de la ruche laborieuse, et la terre ne lui ap- » partient qu'à la condition de la rendre produc- » tive, en y appliquant toutes ses facultés, tout » son temps, ses études, ses capitaux, toutes ses » ressources enfin, sans nulle réserve; et d'en » tirer tout le parti possible, non dans son in- » térêt, mais dans celui de la société qui la lui a » livrée. C'est ainsi que sa vie de propriétaire » rural, loin d'être en contradiction avec ses » idées sur l'économie publique, n'en est réelle- » ment que la mise en action journalière et la » confirmation visible et expérimentale. ».

Aussi était-il vénéré et béni de cette population, au milieu de laquelle il était venu répandre l'aisance et le travail. Sa compassion et son assistance étaient acquises à tous les malheurs, son indulgence et sa bonté à toutes les fautes. Un seul trait le dépeindra mieux que tout ce que nous pourrions dire.

Un des ouvriers qu'il occupait le plus fréquemment, un maçon, qui avait une connaissance parfaite des bâtimens pour avoir travaillé à leur construction, s'y introduisit nuitamment en pratiquant une brèche, et déroba une somme assez considérable dans un coffre fermant à clé. Le vol fût connu, non sur la plainte du propriétaire, mais d'après la rumeur publique, et la justice poursuivit. Il existait des preuves évidentes de la culpabilité de l'accusé. D'Argenson employa tous les moyens en son pouvoir, sinon pour assoupir l'affaire, ce qui n'était plus possible, du moins pour en atténuer les conséquences. Il choisit et rétribua l'avocat qui défendait le voleur fit des démarches auprès des juges, et lorsque, grâce à sa sollicitude, la peine prononcée se réduisit à un simple emprisonnement, il fit encore parvenir des secours au détenu, et surtout il veilla aux besoins de la pauvre famille privée du travail de son chef.

Cependant, au milieu de ses travaux agricoles, il ressentait cruellement les progrès de la redoutable maladie dont il était depuis long-temps affligé ; bientôt ses souffrances prirent un tel caractère de gravité, qu'il dut abandonner ses occupations favorites et venir chercher à Paris les secours que son état réclamait. C'était au commencement de l'année 1842. Il rentra dans cette maison de la rue du Rocher, qu'il avait longtemps partagée fraternellement avec Buonarotti. Son premier soin fut d'entreprendre et de diriger les travaux de la tombe qu'il fit élever à son ami, monument simple, mais sur lequel se reconnaît l'emblême des doctrines qui leur furent communes (le *niveau*).

Les derniers mois qu'il passa à Paris depuis son retour, s'écoulèrent dans un isolement presque complet. A peine fut-il visité par quelques amis de sa jeunesse, ou quelques libéraux des temps de la Restauration, qui n'ont point répudié totalement les souvenirs attachés à cette époque. Sa maladie arrivait à son terme. « Son agonie fut vive, prompte et presque instantanée; cependant sa fin fut celle d'un sage, silencieuse, froide et résignée ; il reconnut et soutint l'avancement visible de son mal, avec un stoïcisme qui affectait les dehors de l'insensibilité. Un prêtre d'élite eut accès auprès de son lit de

» mort; l'entretien fut long, et, autant qu'on en
» put pénétrer le secret, le philosophe étonna le
» chrétien par la suite et la profondeur de ses
» pensées, exprimées d'une voix défaillante. Le
» républicain de ce monde s'inclina devant la foi
» du christianisme, qui n'est que la république de
» l'autre... »

D'Argenson expira le 1er août 1842. Le délaissement qui l'avait frappé durant les dernières années de sa vie, ne cessa pas même en ce moment. La cérémonie funèbre, uniquement marquée par un deuil de famille, n'eut point ce caractère public et solennel, que l'on est accoutumé de rencontrer aux funérailles de personnages qui n'ont pas figuré plus que lui dans la carrière politique. Probablement aussi, cet abandon apparent tint-il aux précautions de la police, qui redoutait de la part du peuple une manifestation plus vive de ses regrets. Quelque tardive et détournée qu'eût été l'annonce des apprêts mortuaires, on vit cependant encore une foule pieuse s'efforcer de rejoindre le cortége, et venir s'agenouiller devant la fosse qui avait reçu les restes du défenseur le plus dévoué des intérêts populaires.

Si, après avoir accompli la tâche que nous nous étions imposée, nous devions indiquer d'une manière plus étendue les doctrines de l'homme dont nous avons esquissé la vie, nous ne pourrions sans doute mieux faire que de renvoyer à la lecture des discours et des opinions qui nous restent de lui. Malheureusement cette étude laisserait encore beaucoup à désirer, d'Argenson ayant généralement peu écrit, soit pour le public, soit pour lui-même. La plénitude de son âme et la fécondité de sa pensée se répandaient de préférence dans sa conversation, dont le souvenir ne peut être perdu pour le grand nombre de personnes qui ont pu l'écouter. C'est là que se reflétaient, dans toute leur énergie, la vivacité de ses impressions, la pénétration et la lucidité de ses idées. Quant à ses discours de tribune, pleins et concis dans leur rédaction, mais lancés pour la plupart du temps, au milieu du tumulte des discussions, et dans des momens d'impatience, nous dirions presque d'humeur, ce ne sont guère que les étincelles du feu qui le dévorait intérieurement. Sa vie entière apparaîtra dans l'histoire un peu confuse et comme inachevée, empreinte de cette espèce de désordre inévitablement attaché à une série d'illusions déçues, de résolutions interrompues et de tentatives avortées. Mais on devra constamment reconnaître en lui l'homme d'une probité sévère, d'un désintéressement invariable et d'une équité rigide, prêt à tout abandonner quand il s'agit de servir la cause du peuple, quand il est fait appel à son amour passionné de l'humanité, celui qui se plaçant, par sentiment autant que par principe, du côté des opprimés, traversa pur de toute souillure, et sans dévier jamais de sa route, cinquante années d'agitations et de bouleversemens. Que tant qu'il a vécu, ses doctrines aient été pour beaucoup un objet d'épouvante et de répulsion; que l'on considère en France comme impossible la réussite d'institutions qui ont pu prospérer en d'autres temps et en d'autres climats; que l'on prétende qu'en s'appropriant ces idées, il ne tint pas assez de compte de la différence des lieux, des mœurs, des civilisations; toujours devra-t-on convenir que ses erreurs partaient d'un cœur droit et généreux, et qu'il ne les rencontra qu'en se vouant à l'accomplissement du bien, et à la recherche de la justice. Et puis, cette grande cause de l'*égalité politique et sociale* à laquelle il consacra toute son existence, dont il fut l'un des plus fervens apôtres et des plus énergiques champions, est-elle à jamais perdue? Après avoir été tant de fois compromise ou trahie, a-t-elle été ensevelie avec ceux qui crurent sincèrement à sa réalisation? Des efforts dirigés vers ce but depuis soixante ans, et dont aucun dans son principe, n'a été exempt de blâme, ni d'obstacles ni de réprobation, quelques-uns seulement ont porté fruit, et chaque jour nous en recueillons les bénéfices. Ces succès si chèrement achetés seraient-ils donc l'augure de ceux qu'à travers non moins de difficultés, mais avec plus d'avantages encore pour l'espèce humaine, on pourrait conquérir par la suite?

De son union avec la veuve du prince de Broglie, M. Voyer-d'Argenson a laissé un fils et trois filles (Mesdames de Lascours, de Croy et d'Oyron). M. Raoul de Croy, l'un de ses gendres, homme de talent et de goût, s'est fait un nom dans la littérature par diverses publications, entre autres par d'intéressantes recherches sur l'histoire de la Touraine et de ses monumens.

M. d'Argenson fils n'a jamais figuré dans la carrière politique. Membre pendant quelque temps du conseil général de la Vienne, il y prit, avec plus d'ardeur que de succès, la défense des enfans trouvés, que les cruels essais d'une prétendue philanthropie sont parvenus à priver d'asile et de tout recours à la commisération publique. Obscurément voué à des études graves, il a réuni une riche collection d'histoire naturelle, de livres et de manuscrits. Il a épousé, en 1821, la fille de M. Mathieu Faure, alors député de la Charente-Inférieure (décédé en 1832), lequel, lié avec son père par une conformité de position et de principes, fut dans les Chambres de la Restauration, un des fermes soutiens de la cause libérale.

(Extrait de la REVUE GÉNÉRALE BIOGRAPHIQUE, POLITIQUE ET LITTÉRAIRE.)

www.ingramcontent.com/pod-product-compliance
Ingram Content Group UK Ltd.
Pitfield, Milton Keynes, MK11 3LW, UK
UKHW020148200726
13856UKWH00003B/891

9 782013 554756